幸福，从看见自己开始

韩絮 江舟 —— 著

机械工业出版社
China Machine Press

图书在版编目（CIP）数据

幸福，从看见自己开始 / 韩絮，江舟著. -- 北京：机械工业出版社，2022.2
ISBN 978-7-111-70205-4

I. ①幸… II. ①韩… ②江… III. ①心理学 – 研究 ②幸福 – 研究 IV. ①B84 ②B82

中国版本图书馆CIP数据核字（2022）第029993号

幸福，从看见自己开始

出版发行：机械工业出版社（北京市西城区百万庄大街22号　邮政编码：100037）	
责任编辑：华 蕾　闫广文	责任校对：殷 虹
印　　刷：保定市中画美凯印刷有限公司	版　次：2022年3月第1版第1次印刷
开　　本：170mm×230mm　1/16	印　张：17.75
书　　号：ISBN 978-7-111-70205-4	定　价：69.00元
客服电话：（010）88361066　88379833　68326294	投稿热线：（010）88379007
华章网站：www.hzbook.com	读者信箱：hzjg@hzbook.com

版权所有·侵权必究
封底无防伪标均为盗版

序　言

我们的故事，如同与另一个自己的相遇。

初初相见时，互喜于彼此的相似；
结识数载间，不断惊喜于多面的不同；
为共同梦想，一拍即合，默契且互补，并肩奔赴。
合作的幸福，便是享受成果和美好过程吧。

故事里的子亦是我们，是身边的朋友，也是看书的你，经历着相似的困与悟——

- 在事业与家庭间的取舍
- 对成就与价值体现的不断追求
- 在自我认可与外界评价间的摇摆
- 对情感关系的渴望与无力

- 亲子关系中的付出与愧疚
- 对现实的妥协与对理想的坚持

……

书中的方法与心得皆为我们自己实践过的、真实帮助过她或他的。
望你或多或少在故事中找到同感，引发思考，得到启发。

感恩我们与自己的相遇，
感恩每一次让自己变得更好的尝试与努力，
感恩温暖的亲人与好友，
感恩慧眼的出版人，
感恩力挺的推荐人
……

愿漂泊者有心可属，孤独者有肩可依，迷茫者有光可寻。

维蔚**韩絮**翩飞舞

江舟阔载书山出

2021年8月

目　录

序言

第一篇 看见自己

第一章　让我有安全感的人要离开了　/ 02
　　　　—— 情绪日记，看见真正期待的是什么

第二章　职场危机，充满迷茫　/ 23
　　　　—— 价值观是我的准则

第三章　幸福的婚姻真的存在吗　/ 42
　　　　—— 是什么让我们相爱却彼此伤害

第四章　我最甜美的"小天使"不见了　/ 57
　　　　—— 青春期的女孩是"小恶魔"

第五章　看到了小时候的自己　/ 79
　　　　—— 人生脚本的序幕

第六章　反复出现的怪梦　／ 95
　　　　——梦是潜意识的使者，它在说什么

第七章　闺蜜，我生命中的礼物　／ 111
　　　　——奇妙的 OH 卡心理游戏

第八章　偶遇人生导师　／ 132
　　　　——我好像看见了未来的自己

第二篇　接纳自己

第九章　我创造了我的现实　／ 151
　　　　——对自己的内在"冰山"负责

第十章　使我痛苦的曾经一直在保护着我　／ 172
　　　　——接纳成长历史

第十一章　原来他也在迷茫　／ 189
　　　　——重建亲密关系

第三篇　活出自己

第十二章　一直熟悉的环境开始改变了　／ 208
　　　　——从允许开始，生命滋养已悄然发生

第十三章　学会与自己相处　／ 227
　　　　——在不同层次爱自己

第十四章　与父母和解　／ 246
　　　　——"对不起"，"谢谢你"，爱需要说出口

第十五章　下半生我想这么过　／ 261
　　　　——什么是我的人生使命

第一篇 看见自己

第一章

让我有安全感的人要离开了
——情绪日记，看见真正期待的是什么

一场始料未及的面谈

"飞机已经降落在北京首都国际机场，外面温度3℃，飞机正在滑行，为了您和他人的安全，请先不要站起或打开行李架。等飞机完全停稳后，请您再解开安全带，整理好手提物品准备下飞机……"

在空姐规范、温婉的播音声中，信子亦打开手机，快速查看了一遍短信、微信、邮箱。飞机停在了远机位，她利用下飞机前的这段时间回复紧急重要的信息。

拿行李，下飞机，坐上摆渡车，走出航站楼，坐上出租车，路线和节奏熟悉得如同操作流水线。

车窗外飞舞着细小的雪花，她停止了看手机，静下来欣赏飘雪。洁白的雪此时似乎有种魔力，让她想放慢脚步，体会生活。这种念头对她来说是奢侈的，这些年她总是追寻着更快节奏的工作，仿佛只有这样她才能感到踏实。

信子亦是一家知名管理咨询公司的咨询总监。她五官清秀，性格沉静稳重，戴着一副眼镜，整个人透着知性的气质。大学毕业后，她入职一家外企，任人力资源专员，两年后因工作成绩优异晋升为主管。信子亦起初并不满意自己的学历，工作后尽力节省花销，希望能去北京大学读 MBA。她希望自己的每天是由 48 小时组成的，拼劲十足的她边工作边读书。多年的努力让她如愿以偿，MBA 毕业后就被全球顶级管理咨询公司录用。近 10 年的咨询顾问生涯早已让信子亦习惯了快节奏的工作方式，很多时候她会将自己的行程安排得满满的，看到日程完成后被自己划掉，她心里会觉得很充实。然而，最近这两年这样的感觉中掺杂了一些其他的情绪，但她又说不清楚是什么。信子亦有时就暗自嘲笑："常说'四十而不惑'，子亦你怎么快 40 岁了却越来越搞不清楚自己想要的是什么了。"

今天下午她的上级——咨询合伙人 Jerry 约她面谈，她打出租车直接到了约定的咖啡厅。

咖啡厅里人不多，子亦一眼便看到了坐在靠窗沙发座上的 Jerry。他依然是一身精致笔挺西装、一个电脑包的经典标配，但和平时不同的是他没有对着电脑忙碌，而是望着窗外不知在想什么。

子亦走过去打个招呼，坐在他对面。她并不清楚 Jerry 今天约她面谈的主题是什么，她也不会因此紧张，这基于多年上下级关系的默契，更重要的是她信任他。他是值得尊敬的团队领导者，不仅专业能力强，还具备很强的领导才能。他在客户前面谦和而有见地，话不多但观点犀利，博得了客户的信赖和尊重；对下属而言，他是很好的教练，给他们提供成长机会，鼓励他们表达不同的观点，也会根据咨询顾问的不同阶段、状况合理调配项目资源。在咨询公司，换老板是常见的事，子亦觉得自己很幸运，从成为顾问开始便跟随着当时还是咨询经理的Jerry，虽然团队名称变了几次，但Jerry一直是她的上级。现在Jerry已成为合伙人，她则是咨询总监。

咨询顾问实行弹性工作制，出差是工作的常态，所谓"不是在客户处，就是在去客户处的路上"，因此他们很少去公司，公司的办公室也没有咨询顾问的固定工位。平日老板和下属之间的沟通基本以电话会议、微信的方式进行，有事说事，不谈家长里短。需要面谈时，就看彼此在哪个城市，约个大家都方便的咖啡厅、餐厅，或所入住酒店的行政酒廊进行面谈。

这次Jerry约子亦面谈，她并没有问谈什么，但她算一算有近两个月没有见过Jerry了，心想在这个时间点面谈，应该是跟绩效考核有关吧。她今年的业绩很好，几个项目都在顺利开展，虽然其中一个项目来自客户的挑战比较大，但也算在她的能力和资源范围内能解决的，目前没有大问题。

Jerry已帮她点好热美式咖啡，她落座后便推到她面前。

"谢谢老板！"子亦开颜一笑，半开玩笑又很自在地接过。在他们公司有项不成文的规定——上级买单。

喝了一口咖啡，子亦看着Jerry，等他开口。他一向温和，通常会先问问个人近况，时间有限时会直奔主题，但今天有些不一样，他似乎在思考着如何开始此次谈话。短暂的沉默后，他说："最近公司要做组织调整，这段时间一直在讨论，现在差不多确定了，我们的团队会重组，你得有个心理准备……"

"最近几年组织年年调整，这次有什么特别的吗？"子亦下意识地扶了一下眼镜，有些不安地问道。

"这次是中国区主动向总部申请作为试验田，所以调整力度大，而且很坚决，不允许听到不同的声音。"

"对你的影响是什么？"子亦知道组织调整受冲击最大的是团队负责人，团队成员该怎么工作还是怎么工作，所以她首先关心的是Jerry。

"要向一个不懂管理咨询的外国老板汇报。"Jerry苦笑了一下。

"那……我们能做什么？你有什么想法？"

"我在这家公司10多年了，一些客户找我过去，我也都没答应，可能现在该换换环境了……"

子亦脑子先是一片空白，然后一堆思绪似乎从各个方向冒出来，没有逻辑关系和次序地交错在一起：Jerry是要去甲方了？去哪家公司？团队怎么办？我怎么办？我能理解他，但又不能完全理解……应该支持他，还是再劝劝他？还能改变什么吗？

Jerry劝慰她："你业绩一直很好，你的团队带得也很好，今年有机会晋升的，你不用太担心，有你在这里，我也放心。"

…………

如何迎接改变

回去的路上，子亦身体的力量被咖啡因和刚才的谈话吸走了。这么多年，她可以聚焦在专业成长上，正是因为有Jerry这个好领导帮她挡住了复杂纷乱的人际关系与利益冲突。他打造了一个有着和谐、合作氛围的专业团队。如果Jerry走了，她会面对一个什么样的新上级？那些她不喜欢的非专业的事情将消耗她多少精力？

回到家的子亦好像一下子失去了所有动力，瘫在沙发上不想做任何事，尤其不想碰电脑和手机。手机提示有新信息，她看都不想看，但它依然忠于职守地忙碌着。

这种感觉陌生又熟悉，子亦不喜欢它让自己这样无力。这些年不管遇到多么挑剔的客户、多么有挑战的项目，甚至那些已出现风险需要子亦去接手处理的案子，她都不曾被难倒，她反而更努力，像战士一样攻下每个山头后获得一个又一个成就。

……想起来了，上一次出现这种感觉是在她接手第一个项目时。

10年前，子亦MBA毕业后选择了咨询的发展道路，凭借工商管理理论基础和企业人力资源管理经验，以及良好的沟通表达能力，经过几轮面试的她，加入了这家业内知名的咨询公司。

入职培训后，子亦被安排到一个大型项目上，客户方是国内领军企业，在国际化的发展过程中与该咨询公司签订了三年的合作协议，目标是将管理体系做全面提升。子亦摩拳擦掌地收拾行装奔赴客户所在城市，迎接她的却是各种不适应——从甲方到乙方，从企业管理思维到咨询顾问思维，从关注细节到关注系统逻辑，等等。她发现，虽然她有工作经验，但在动手搜集资料、做研究和制作PPT的功力上比不过刚毕业的年轻顾问，而在头脑风暴讨论时靠她的经验又不足以当场提出亮眼的观点。于是她背后猛下功夫，加班加点地做功课，在对她负责的模块进行第一场汇报的前一晚，她基本没怎么睡。当她把那份方案视同她的孩子诞生一般呈现在客户面前时，却遭遇了来自客户的刁难，客户方比她还年轻的项目经理很不客气地表明这个方案有问题，还需要验证，而她坚持自己的方案是考虑了各方面因素和标杆企业做法的。汇报后，客户方项目经理直接给她的上级Jerry打了电话，要求换顾问。子亦则回到酒店颓废地躺到第二天。

第二天Jerry飞过来，在见客户方之前，他先约子亦面谈。在听完子亦理直气壮又余气未消地陈述完原委后，他反而轻声笑了一下，说："也是一只刺猬。"

"什么？……刺……猬？"子亦以为自己听错了，用手推了一下眼镜。

不知从什么时候开始，当子亦想掩饰自己的某些情绪或想法时，她就会下意识地用手推一下眼镜，但她还没有发觉自己有这个小动作。

"很多顾问在成长过程中都会遇到这样的情况，我也曾经历过——以为自己的理论合理，做过相似的成功案例，为了捍卫自己的专业成果，当听到不同的意见时，撑起满身的刺保卫自己。"

"可是，我确实觉得方案没问题呀。"

"子亦，你之前在企业里工作时，其他人是怎么评价你的？"

"亲和，有同理心，沟通协调能力不错，执行力强。"

"现在，你是一名顾问，你希望别人，特别是客户怎么评价你？"

子亦沉默了，这个问题她还没想过，以前的评价显然不适用了。她想了想，犹豫地说："专业性强吧……"

"专业性如何体现？"

子亦顿住了，此刻她脑海中浮现出了一只刺猬。

Jerry 说："你知道吗，顾问是分几个层级的。最低层级的是客户说什么就是什么，没有自己的专业见解，只求和客户搞好关系；中间层级的是自己说什么就是什么，听到反对或不理解的声音会极力反驳，以证明自己最正确、最聪明，而别人是错误的或能力不行；最高层级的是了解客户的真正需求，从不同角度看到不同观点间存在的核心共识，不求一次争论的输赢，而是力求在解决关键问题上实现共赢，从而创造价值。"

子亦肃然起敬，Jerry 不仅让她意识到了自己在角色转换上还未走出不适区，也清晰地让她了解了如何做一名好顾问。

Jerry 用有力量的握手结束了谈话，他说："我相信你，加油！"

那次面谈后，不知 Jerry 和客户说了什么，子亦被留了下来，她也像是开窍了一样，用实际行动证明着自己的变化。

思绪飘回到现在，子亦问自己，同样的感觉，共同点是都面临着变化吗？是因为变化会带给她不适，还是她恐惧未知的变化？

一个星期后，子亦担心的变化降临了。公司正式宣布调整组织结构。Jerry 辞职了，去了一家他服务过的集团公司任高管。团队新的负责人 Chuck 现身，他是从另一个团队转过来的。

Chuck 按照惯例和直接向他汇报的团队成员面谈，然后去每个项目上了解情况，拜访客户。他是个控制型的上级，对每项工作的细节都要了解并提出意见，所以内部会议增加了，子亦每周要花至少一整天时间汇报计划、进度等，而 Chuck 总会提出新的要求，好像对她的工作并不满意。

感知身体的智慧，了解情绪的源头

一段时间后，子亦忍不住给 Jerry 打了电话，想约他周末见个面，她有很多想倾诉的苦闷，然而 Jerry 出差在外，20 天后才会回北京。Jerry 猜到子亦可能要和他谈些什么，他先给子亦布置了一个"作业"——希望她在此期间尝试写"情绪日记"，记录下引发她情绪的事情，以及她当时是怎么想的，有什么感受，是如何处理这些事情的。Jerry 神秘地说，也许一个月以后，情绪日记就会给她带来意想不到的礼物，届时他们可以共同来看看这是份什么样的礼物。

子亦充满了疑惑，她不明白为什么要写情绪日记，是她现在需要发泄自己的情绪吗？但是出于对 Jerry 的信任，她想试着写一写，而且她确实需要发泄一下情绪。她的这些事情既不能跟同事说，也没办法跟家人讲清楚，憋在心里确实很难受，写下来也许能帮自己缓解情绪。

子亦想起她从小学到高中都有写日记的习惯，那些日记还保留着，但有十多年没有翻看它们了。她也不记得是什么让她把写日记的习惯丢弃了,现在刚好试着继续下去。

Jerry还手画了情绪日记的格式,然后拍照发给子亦,建议她照着这个写。

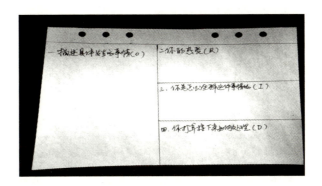

子亦看着Jerry发来的图片心想,情绪日记的格式挺奇怪的,那四个字母O、R、I、D代表什么意思呢?子亦没好意思再打扰Jerry,自己上网查了查,自言自语道:"Objective,着眼于客观事实,即看到了什么,听到了什么。Reflective,对此事情的感受是怎样的,多用来描述心情,如'喜、怒、哀、乐'等。Interpretive,对这件事的分析、观点、诠释、思考等。Decisional,接下来打算怎么做。"虽然带着疑惑,子亦还是决定从第二天起开始写情绪日记。

一个月之后。

子亦和Jerry约在下班后的晚餐时间见面。子亦拿出情绪日记递给Jerry,他翻看着。

3月20日

一、描述具体发生的事情(O)

Chuck和XT赵董事长会谈。Chuck和客户对话的水平不如Jerry,

但他姿态低，我观察到赵董事长没有惊喜也没有不满。Chuck 不像 Jerry，客户没有很期待和他持续交流。但 Chuck 最后和客户说了一句："您放心，我会安排更好的顾问资源来 XT。"我和项目经理对视一眼，不明白他为什么这么说。

二、你的感受（R）

不理解为什么，之后是气愤，感觉不被认同。

三、你是怎么诠释这件事情的（I）

老板应该在客户面前力挺项目组的顾问，除非客户提出意见。但 XT 明明对我们很满意，项目经理和项目组成员也很努力，Chuck 却拿并不存在的资源并通过主动在客户面前压低我们来展现他的价值。

四、你打算接下来如何处理（D）

不知道。第一次遇到这种事情，但我知道的是我作为项目总监不能向客户表达不同的声音，我们代表公司，不能内讧。我要做的是证明现在的项目组成员就是最好的顾问！

3月28日

一、描述具体发生的事情（O）

与 Charlie 一起去见 S 集团总裁沈总沟通项目需求。S 集团年营业收入不到 20 亿元，但找了好几家国际咨询公司来谈。沈总表面很客气，但像面试一样提了很多有挑战性的问题，还问我们年龄。好在我和 Charlie 配合默契，我从专业角度、他从行业角度互相搭台，可以进入下一轮了。但我发现沈总手下的高管全部是男性。

二、你的感受（R）

不被尊重。

三、你是怎么诠释这件事情的（I）

客户方挑选合作顾问很正常，但沈总骨子里重男轻女，存在先入为主的偏见。

四、你打算接下来如何处理（D）

下次沟通项目建议方案时要更强势、更自信、更犀利。

4月6日

一、描述具体发生的事情（O）

后台的 Review 已经推迟了几次，几个项目都比较紧张，今天留出了半天时间和后台同事、项目经理一个一个地过。无非是问一堆计划、实际状况、有什么挑战、有什么措施等，项目上真正的问题后台是解决不了的，花这么多时间只是让后台审核数字而已。CM 项目因为项目需要而申请增加顾问资源和成本的申请被后台拒绝了，他们认为项目组提供的理由不够充分，而且他们说话的态度不太好，好像我们暗地里做了什么手脚被他们抓住了似的。

二、你的感受（R）

时间浪费在没有价值的事情上，被质疑，不被信任。

三、你是怎么诠释这件事情的（I）

一线顾问既要面对外部客户又要搞定内部后台，但在内部得到的支持不够。公司应该思考一下什么对项目质量、项目管理更有效。

四、你打算接下来如何处理（D）

和 CM 项目经理共同商议项目计划的调整，提供更充分的依据，之后重新申请。

Jerry 看完后笑着说:"子亦你发现了吗?情绪日记中'你的感受'这个部分你写得很少,而且大部分写的不是情绪感受,而是你的分析和评价。"

"是吗?"子亦认真地读了一下关于自己感受的那部分。确实写得很少,但是不被信任、不被尊重,不就是感受吗?

Jerry 好像看出了子亦的困惑,解释道:"感受是一种情绪或身体状态,比如你觉得不被信任时,情绪上可能是委屈,也可能是愤怒或者担心。身体的感受有可能是感觉到身体僵硬,或胸口发闷,或觉得自己手脚冰凉,等等。"

子亦愣住了。她从来没有去感受过自己的身体是什么样子的,除非生病或是受伤了,仿佛在正常的日子里身体是无关紧要的,在她的意识中是不存在的。

Jerry 看到子亦发呆的样子又是一笑,他知道这个工作很拼、做事果敢又坚决的女强人是不会留意到自己的身体感受的。"子亦,我们的身体是有很多智慧的,你要好好地关注它告诉了你什么。可能现在你觉得不可理解,也许我们以后有机会聊聊这个话题。我们先看看你这几次都有什么样的情绪吧。"

子亦在脑海中又回顾了一下当时的场景,就是觉得不被尊重、不被信任,如果这些感受都是 Jerry 所说的分析和评价,那么情绪是什么呢,生气好像就只是生气,反正是不舒服的感觉。子亦说:"就是觉得不开心,也没什么其他情绪了。"

Jerry 一边从文件夹里拿出一张纸,一边说:"我猜到让你说出情绪是一件有挑战的事,还好我提前做了准备。"子亦接过纸扫了一眼惊叹道:"哇,有这么多描述情绪的词吗?我的词典中好像只有高兴、生气。"Jerry 让子亦逐一地感受一下这些词。

高兴、开心、快乐、庆幸、舒畅、甜蜜、喜出望外、心花怒放、心旷神怡、幸灾乐祸、愉悦、幸福；

生气、愤慨、愤怒、反感、可恨、可恶、厌恶、敌意、嫉妒；

悲哀、悲伤、沉痛、伤感、伤心、失望、痛苦、痛心、心酸；

惭愧、害羞、愧疚、难堪、羞耻、羞辱、耻辱、内疚；

胆怯、胆战心惊、发怵、害怕、惊吓、恐怖、恐惧；

委屈、窝囊、烦闷、心烦；

担心、担忧、发愁、忧虑、压抑、郁闷；

得意、高傲、狂妄、浮躁、急躁、焦虑、着急、忧虑、恐慌；

吃惊、好奇、惊讶、震惊、困惑、迷茫、热情、兴奋、刺激；

自在、平和、安心、平静、冷淡、冷漠。

子亦认真地斟酌了每一个词，缓缓地说："听Chuck说他会安排更好的顾问资源来XT时，我感到委屈、失望，还有一些郁闷和气愤。"子亦的眼中噙着泪水，即使子亦戴着眼镜，也被Jerry看在眼里。

Jerry假装没有看见。他看得出来子亦在强忍着，子亦不想在他面前显得不职业化。他不想子亦觉得难堪，他只是轻轻地问道："你现在注意到身体有什么感觉吗？"

子亦深吸了一口气，平静了一会儿说："当说出委屈、失望之后，我好像觉得胸口没有那么闷了，之前每每想到Chuck说的话就很不舒服，现在想想是觉得胸口发闷。"子亦觉得很神奇，她之前从来不曾发现"生气"背后藏着那么多情绪。

Jerry接着问："是什么让你感到委屈？"

子亦回答："这个项目开始时，你这个合伙人离职，启动后不久项目经理更换，客户方施加的压力一直很大，何况还有一个竞争对手总想插进来把我们挤走。我们项目组做出了很多努力，才稳住局面，才让项目顺利进行。这些情况我跟他讲过，但是他跟客户说要推荐更好的顾问。我觉得不公平，也替项目经理觉得委屈。"

Jerry 说："所以你也感到很失望，新来的这个上级并没有像你期待的那样，能够在客户面前支持项目组，赢得客户对整个团队的尊重？"

子亦点点头，心想还是 Jerry 懂得我需要的是什么。

"那么郁闷和气愤的情绪，又是怎么来的呢？" Jerry 接着问。

"Chuck 不考虑我们的感受，不是用专业而是拿资源作为筹码换取客户的认同。"

发现固有的、重复出现的互动模式

接着，Jerry 问："你希望 Chuck 怎么做呢？"

"当然希望他像你一样。"

Jerry 笑笑说："你能具体说说他怎么做就能像我一样了呢？"

子亦没想到 Jerry 会这样问她，片刻停顿后说："对内充分信任我和项目组的专业能力，需要时及时指导项目组，协调资源帮助项目组；对外与客户高层对话带来增值和更多的认可，参与重要节点汇报，在客户面前力挺顾问。"

Jerry 看着子亦，略有些严肃地说："你找过 Chuck 吗？向他表达过你希望他怎么支持你吗？"

子亦愤愤地说："他是一个合伙人，也做了那么多咨询项目，难道不知道怎么做吗？不用我告诉他吧？那件事之后，他还没来项目上，我也没联系他。现在是他不找我，我就不理他。"

Jerry 接下来的话让子亦陷入了沉思，而且对子亦产生了很大的影响：

"子亦，你有看到你自己的一种互动模式吗？就是如果对方没有表现出你希望的样子，让你失望了，你选择的互动模式是指责和放弃关系。"

子亦想反驳，这让她很难接受，她甚至根本就不认同。

Jerry 接着说："也许这个反馈让你比较难接受。你先回忆一下，当出现类似的场景时你都做出了什么样的选择？"

由于对 Jerry 很信任，子亦对他的话都会很重视。她认真回忆了近几个月发生的类似的事情，让子亦震惊的是，她确实是这样做的。情绪日记中 4 月 6 日所记录的是，后台同事审核数字时，她认为自己的项目组已很清楚地提供了数据和资源申请依据，他们却还不断地询问情况，她除了觉得不被信任外，还觉得后台的工作低效且官僚，这让她觉得失望和厌烦。当时她确实指出了后台需要的数据的不合理性和不必要性，也对后台人员产生了不满，后期的沟通她都不愿意参与，而是尽量让 CM 项目经理与后台人员交流。子亦还回忆了更早的一些事情，当对方让她感到很失望或愤怒时，她会很直接地表达是对方有什么错，而且心中不想再和这个人有任何交集，即使必须合作也只是公事公办了。

这种互动模式，子亦从来没有觉察到。从什么时候开始就有这种模式了呢？子亦有些困惑。子亦瞬间想起了她的初恋。

刚上大学的时候，子亦穿得土里土气的。她来自一个不大的县城，家里的条件并不怎么好，父母能够同意让她上大学都是她再三恳求来的。同宿舍的另外三位女生都来自大城市，她们的家境还算不错，子亦常感到她们有意无意地会对她投来一些异样的目光。为了融入这个新的环境，也不想被别人瞧不起，子亦希望能有和她们一样的穿戴，拥有和她们一样的生活品质，至少不要有那么大的差距。

但她知道家里的经济状况，她需要自己想办法实现这些。从大一下学期起，她就尽可能多找一些兼职的工作，当服务生、发传单、做家教。只要有时间，她就去打工，周末两天都安排得满满的，忙碌到凌晨也是常有的事。

子亦用自己辛辛苦苦赚来的钱买了漂亮衣服。当她穿着时尚的衣服并搭配上可爱的头饰时，镜子中的自己在微笑，子亦喜欢这种感觉。她抬起头用挺拔的姿态行走在校园里，她相信自己已成为一道风景。她兴奋地去找男友，一路想象着他惊喜的样子。

初恋男友是她的高中同学，他们约定一同考到这个城市。虽然不在同一所大学，但离得并不太远，坐公交十多站就到了。兴奋的她失望地发现男友并没有因她穿戴漂亮而开心，反而略带嘲讽又半开玩笑似的说："小妮子，有些虚荣了吧？为了穿好看一些让自己那么辛苦值吗？"

子亦没有想到男友会说这些，生气地扭头就走，心里愤愤地想："他根本不懂得我这么努力是为什么，他根本不了解我追求的是什么，他什么都不知道凭什么这么说我！凭什么这样看低我！"那以后，他们之间似乎有了芥蒂，彼此慢慢疏远，最终分手了。

子亦心中暗想，与初恋男友分手的互动模式居然也是这样！子亦此刻内心有些复杂，说不上是懊悔还是伤心。这多么年她一直重复着这样的互动模式，自己却不知。如果不是Jerry今天反馈给她，她可能未来还会一直按这个模式生活下去。

Jerry一直安静地看着沉思中的子亦，他没急于追问，他知道子亦此时需要空间和时间觉察自己。当子亦再次抬头，目光看向Jerry时，他才接着问道："是什么让你一遇到这类事情就自动开启这样的互动模式呢？"Jerry继续说："我还有两个问题，你一起记下来吧，如果我们今天有时间就聊聊，或者你先自己想想，我们再找时间聊。"

子亦的思绪还在Jerry刚才的问题中，她也确实一时之间想不明白这个问题。子亦把思绪收回来，立刻从电脑包中取出一个精致的小本子，这是她的习惯——在去见客户的路上随时将自己想到的问题或想法记录下来。

Jerry 说："如果你不开启这样的互动模式，你可以选择其他什么样的互动模式呢？如果选择那样的互动模式，可能给你带来的不同点是什么？"

又是让子亦一下子不知道如何回答的两个问题，看样子她是需要时间好好想想了。Jerry 看到子亦边记录边思索的样子，微微地笑了笑，他相信子亦会找到答案的——他了解的子亦是一个一直在追求成长且很有潜质的人。

自我价值感，期待来自他人的认可还是自我认可

Jerry 等子亦写完接着说："我们先来看一看你的情绪日记，你发现这三篇日记所记录的内容有什么共同之处吗？"

子亦看了看这三篇日记。她记录的是三件完全不同的事情，它们之间没有什么关联。有什么共同之处呢？她再次浏览了一遍，还是没有发现。

Jerry 提示说："看看你写的感受的部分，有什么共同之处吗？"

子亦犹豫地说："都是负面情绪？对了，你说这些是分析和评价，还不算对情绪的描述。"

Jerry 被子亦逗乐了，笑着说："这算是一个共同之处，还有吗？"

子亦不好意思地摇摇头。

Jerry 说："你用了好几个'不'字，你注意到了吗？"

子亦注意到了，可这又意味着什么呢？

Jerry 问："你想要的是什么呢？"

"当然是去掉'不'啦，得到尊重、认可、信任呀。"子亦奇怪 Jerry 怎么会问出这么简单的问题。

Jerry 说："很好，如果你得到了尊重、认可、信任，你觉得它们满足

了你内在的什么需求？"

子亦不确定，觉得答案就在心里，但又不知道如何表达。

"价值感！"Jerry有意放缓语速又加重语气说出了这三个字。

"价值感？"子亦很确定这就是她心中的需求。她期待每个她身边的人都高度认同她的价值。这三个字在Jerry说出来之前是那么模糊，现在它们让子亦豁然清晰自己期待的是什么。

子亦现在明白了她之所以一直那么拼命地努力，不断学习专业知识，不断对自己提出更高的要求，其实都是在向别人证明自己是有价值的。

Jerry接着说："你不断向别人证明，希望他们认可你的价值。你自己认可自己的价值吗？"子亦有点茫然，她说不清楚。她从没有想过这个问题。

子亦反问道："如果一个人很认可他自己的价值会是什么样子的？"

Jerry用欣赏的目光看着子亦，她总能快速地抓住关键问题。

Jerry："还记得我给你讲过的顾问的三个层级吗？"

子亦回忆道："最低层级的是客户说什么就是什么，没有自己的专业见解，只求和客户搞好关系；中间层级的是自己说什么就是什么，听到反对或不理解的声音会极力反驳，以证明自己最正确、最聪明，而别人是错误的或能力不行；最高层级的是了解客户的真正需求，从不同角度看到不同观点间存在的核心共识，不求一次争论的输赢，而是力求在解决关键问题上实现共赢，从而创造价值。"子亦对自己的记忆力很满意，只要是她认为重要的信息她都能精准地记住。

"你认为自我价值感高的人，会在哪一层？"Jerry问。

"我想应是最后提到的那一层。"子亦说，"但这体现的不是一种工作态度吗，和自我价值感有关？"

Jerry解释道："如果一个人的自我价值感低，第一，对外呢，这个人会不断地向他人索取价值感，希望得到别人对他的高度评价、高度认同。如果得到了，他就会很开心、很兴奋；如果得不到，他就很容易情绪低落和沮丧。他的情绪很容易受他人左右，受外部环境影响。还有，当听到别人与他有不同观点时，他就会很抗拒，一定要据理力争，证明自己是对的。

"同时，他对别人的期待还特别高。当别人没有按照他所预期的那样行事时，就会判定对方不尊重他，不关注、不喜欢他。当他这样判定时，他就会感到对方是故意针对他，生气、愤怒的情绪就常常冒出来。

"另外，自我价值感低的人也很难接受失败，当别人指出他需要改进的地方时，他很难听进去，这对他来说是很痛苦的事。通常，他的表现是不断解释自己那样做是有充分理由的，或者推卸自己应承担的责任。"

Jerry 停顿了一下，有意看了看子亦的表情。子亦的目光停留在左下方。Jerry 知道这表明她正在专注回忆她是否出现过上述状况。

Jerry 接着说："第二，对内呢，他在内心会经常否定自我，当自己犯错误时他会在心里很严厉地苛责自己。内心很害怕失败，他认为失败了自己就一无是处了、毫无价值了。他需要很长的时间才能走出失败带给他的阴影。自我价值感低的人很难将失败视为'礼物'，视为他成长中的历练和积淀，因此他不能用积极的态度面对失败。当有机会出现的时候，他会因怕失败而犹豫要不要抓住机会。

"自我价值感低的人还经常会感到莫名其妙的伤感，有的时候会沉浸在自己想象中的糟糕的结局里，觉得那些美好的事情、好的运气自己不会遇到。"

子亦默默地听着，表面看着很平静，但内心五味杂陈，Jerry 说的状态她大部分都有。

其实，子亦不管是在上学期间还是在工作的十多年里，都有着出色的成绩,无论是她的闺蜜还是朋友、同事均认为她是很优秀的,但是子亦对自己的评价很不稳定,有时自我感觉很有成就,有些小傲娇;有时又觉得自己好失败,有些自卑。她很期待别人对她的肯定,但别人当面称赞她时,她又觉得对方是出于礼貌或其他原因,未必说的是真的。她总是对自己不满意,看到别人想出了好的方案或做得出彩时,她会自责为什么自己这么笨,做不到。当她自己做出很棒的成果时,那份喜悦却持续得很短,她会觉得做成这些也没有什么可提的。子亦也一直搞不明白自己怎么就活得那么拧巴,近期更是感到困惑,很容易情绪激动。

现在她好像有些明白了:在自己内心深处,自我价值感是低的。想到这儿,子亦有些伤感,虽然她不想承认,但她真的不认同并且不想接纳自己。

子亦缓了缓心情,抛出了之前问过的问题:"如果一个人很认可他自己的价值会是什么样子的?"

Jerry一直很欣赏子亦的工作能力和拼劲儿,看到子亦难受的样子,他有些心疼。Jerry温和地说:"简单说,和我前面说的相反。自我价值感高的人,对内欣赏自己,能看见自己好的品质、能力和成果。失败时,能鼓励自己,能包容自己犯的错误。强调一下,包容不是放任,包容是坦然接受既定的现状,不将精力放在懊恼和悔恨上,而是积极思考如何改善。

"自我价值感高的人会接纳自己。强调一下,接纳不是放纵,而是承认自己不完美,愿意面对它,愿意积极地调整,坚信自己的明天会更好。还有,相信自己是那个值得拥有一切美好的人。

"自我价值感高的人,对外很豁达、儒雅,懂得尊重、包容和接纳别人。很容易看到别人的优点,常带着欣赏的眼光与别人交流。有开放的心态,会好奇别人的不同想法是怎么产生的,也能理解别人的选择与自己为什么会不同。在这里也强调一下,尊重、包容和理解,不是无原则地妥协，而是善待他人，共同找到合适彼此的路。

"他不会因为别人的指责就愤怒从而选择反击，也不会因为别人的冷落就感到伤感。他不会只为赢得别人的关注或赞赏而刻意炫耀自己，也不会为难自己去讨好别人。在他的心中，他清楚自己是谁，清楚自己需要的是什么。他对自己的情绪负责，而不是交由外部来决定自己的情绪。"

子亦笑着说："老板，您是在说您自己吧。"子亦不是在调侃Jerry，她确实觉得他就是这样的人，所以子亦特别敬重Jerry，无论是对他的专业能力还是为人处世方式。子亦一直觉得Jerry的绅士风度是由他的性格和文化修养决定的，现在她才知道这与自我价值感有关。

Jerry听到子亦的反馈后，笑着说："终于被你发现了。"

子亦说："我希望能像你一样，怎么做到呢？"

Jerry安慰道："不着急，也许未来的某一天你希望的是做自己，活出自己真正的样子。还有，影响自我价值感高低的因素有很多，比如与原生家庭的关系、过往的经历、自我的认知，等等。慢慢来，从真正了解自己开始，你会有所收获的。"

子亦点点头，然后醒悟地看向Jerry："我明白了，以前你鼓励和认可我，使我获得价值感。现在换了Chuck，他的领导风格不同。我的自我价值感的问题便暴露出来了，我不应该期待Chuck改变，而应该想想如何提升自我价值感。"

Jerry欣慰地用肯定的眼神望着她，说："回去后可以再想想我们今天交流的内容，也许会给你带来一些新觉察。"

子亦觉得今天与Jerry的交流给她很大的触动。在此之前，她没有意识到对自己的了解竟如此粗浅。子亦在心里默默地问："如何能了解真正的自己呢？"

练习

1. 坚持记录"情绪日记"（本章只介绍了"情绪日记"前半部分的格式，后面章节将完整呈现）。

一、描述具体发生的事件（O）	二、你的感受（R）
	三、你是怎么诠释这件事情的（I）
	四、你打算接下来如何处理（D）

记录情绪日记，有助于发现自己在哪类场景、事情中会触发自己的情绪按钮。用心去感受自己的情绪，回想记忆中的这些情绪最早产生在什么时候，那时发生了什么。

2. 觉察自己的互动模式。

回顾当有强烈情绪时，自己通常选择了什么样的决定和行动。练习觉察在做决定和行动前，自己对所发生的场景或事情做出了哪些主观的判断和推测。

3. 感受自我价值感的高低。

刻意觉察在与外界互动时，自己的哪些思维、行为、语言与内在的自我价值感的高低有密切的关联。

第二章

职场危机,充满迷茫
——价值观是我的准则

是否接受有附加条件的职业发展

　　Chuck 安排子亦和他到深圳见客户谈工作。和客户开完会后走出办公楼,他对子亦说:"我们碰一下吧,正好也到饭点了,边吃边说。"

　　他们就近找了一家餐厅,Chuck 点了好几个菜,还点了白酒,不由分说地给子亦倒了一杯。子亦做项目时难免会有客户宴请,被要求喝酒也是常事,尤其是北方的客户。酒文化包含太多隐晦的期待——热情、尊敬、交心、较量、拉拢、检验人品、不喝多不是朋友、借酒表达平时不好说的话、事后可以不认……但公司内部没有酒文化,Jerry 也从来不要求下属喝酒,除非他们自己想喝。子亦不是不能喝酒,但她并不喜欢酒这种东西。看来 Chuck 是喜欢的,即使在没有应酬的情况下。

"这个机会目前来看还不是很明朗，客户需求不清晰。我的想法是准备一些类似的案例，再约客户相关高层做个访谈，下次通过案例和了解情况后的初步建议向客户澄清需求。您觉得呢？"她把话题引到今天的单子上。

Chuck对这个话题似乎并不想多聊，他喝了一口酒，说："这个客户交给你跟了，你决定吧。"然后，他话锋一转："今天正好跟你聊聊你的发展问题。"

没有任何思想准备，子亦感觉很突然地看着Chuck。

"Jerry在交接时介绍了团队核心人员的情况。他特别提到你，说你来公司10年了，在打单、做项目、带团队方面都做得不错，和行业团队也合作得很好。你对自己的发展有什么想法？"

"我很喜欢咨询，也喜欢公司的文化，当然希望继续发展下去了。"

继续发展下去，就是副合伙人，算一只脚迈进高级管理层。

子亦在《哈佛商业评论》上看到每年的全球高管调研报告，女性在企业中担任高管的比例一直变化不大，只有4.9%的《财富》500强企业的CEO和2%的标准普尔500指数企业的CEO是女性。目前这些数字在全球都呈下降趋势。该调研表明，在360度评价中，女性的上级，尤其是她们的男上司认为，女性管理者几乎在每个管理层级和每一种职能中，都比男性得分略高，甚至包括IT、运营和法律这些在传统观念中被认为男性表现更出色的领域。女性在主动性、复原力、实现自我发展、追求成果、高忠诚度和诚信度等方面得分优于男性。事实上，在84%的最常用的衡量能力的指标中，女性的表现都超过了男性。男性仅在两项指标上得分超过女性，即"战略视野"和"专业知识"。

女性管理者在子亦所在的公司是有比例要求的，人数占比要求达到

35%以上，这意味着鼓励女性成为管理者，这也是子亦认可这家公司的原因之一。公司里有好几位子亦很欣赏的女性高管，比如负责品牌的Judy，精致美丽同时干练。子亦曾经签下一个三年期的框架合作协议，就缘于Judy在一个女性论坛上和那家公司的女老板惺惺相惜。而公司咨询合伙人中女性还是偏少，且以强势外露型女汉子为主。这也难怪，一方面是面对以男性为主的客户高层，精致美丽并不占优势；另一方面，由于咨询顾问长期出差无法顾家的工作性质，使很多女性在家庭压力下无法坚持。子亦属于外柔内刚的女子，她认为女性不比男性差，甚至在当今这个时代，女性没必要放弃自身宝贵的天生的柔韧特质。因此子亦虽以Jerry为榜样，但在内心也有一个自己的目标——成为一个不失优雅但又有气场的女性咨询合伙人。

Chuck的话打断了她的思绪："想继续发展下去就好！首先要有业绩，你去年的业绩还可以，但那是以前了。今年还没有签下来单子，现在已经Q2了。"

子亦感觉肩膀一紧："有几个机会在谈，XT项目也在谈二期，目前来看续签的可能性很大。"

"除了业绩，还有对团队的贡献……我来了这么长时间，你也没有主动向我汇报过团队里的情况。"

"……您指哪方面情况？"

"来………"Chuck端起酒杯看着子亦。子亦看出他有点对自己不主动敬酒不满，便举起酒杯迎向这位领导，以稍低一点的位置碰了碰酒杯。Chuck这才露出一丝微笑，将杯中酒一饮而尽，继续说道："咱们团队几十号人，我整天飞也看不过来，你要是知道什么可以及时告诉我。"他又倒上一杯，"我这个人呀，谁帮了我，谁没帮我，我都记在心里……"

什么意思？难道是让我打小报告？子亦的直觉告诉她 Chuck 是这个意思，但她不喜欢这个猜测。她也耻于这样去做。

Chuck 叫服务员再来瓶酒。子亦劝他不要加了，对身体不好。他挥着手臂大声对服务员说："让你加就加！"然后转头对子亦说："没事，喝多了反正有你送我回房间。"

子亦表面镇静，好像老板给她分配了一个很普通的任务，但实则心里却慌了。

这种情况，她从没遇到过——上级、男性、酒醉、单独、酒店……

Chuck 真的呈现出了醉态。子亦结了账，叫了一辆出租车，让他坐在后座上，自己跳到前排副驾驶的位子上。Chuck 在路上还嘀咕着没喝够，回去后一起去行政酒廊再喝点。到酒店后，她让大堂安排男服务员扶 Chuck 回房间，让 Chuck 好好休息，然后逃也似的回了自己的房间，锁好门。那天晚上，她做了一夜的噩梦。

冲突触发

接下来的几天，子亦一心扑在 XT 项目一期收尾和二期规划上，这个案子有两个人在跟她配合。

一个是负责 XT 这个客户的行业顾问 Charlie。公司里的行业顾问大多像销售员，跑跑客户，走走流程，真正深入研究行业的不多，但 Charlie 对行业的研究比较有深度。几年前他的一个客户提出组织转型需求时，他联系 Jerry，Jerry 安排子亦跟他合作。两个人第一面很投缘，配合默契，顺利通过竞标赢得项目。之后，Charlie 一有相关项目需求便会找子亦，子亦也会让 Charlie 到客户处分享行业洞察。可以说，两个人是共同奋战过的战友。XT 项目的一期也是他们配合着一起谈下来的。

另一个是 XT 的项目经理 Eric。他虽然年轻，但很有悟性，也很认真负责。他对这个客户的业务、组织和人都已很熟悉了，自然是二期项目经理的首选，这也是他和子亦都默认的。

这天 Eric 接了一个电话，然后他把子亦叫出办公室，在 XT 找了一间无人的小会议室，跟她说："子亦姐，Chuck 让我做完这个项目去另外一个项目，这边二期他安排 Nancy 来接。"

"什么……为什么这么安排？怎么没跟我说……Nancy 不了解客户，而且二期内容她也不擅长。"

"你不知道吗？ Nancy 现在是 Chuck 的亲信之一，有好的项目机会自然优先安排。"

"亲信……"子亦想到了"小报告"，也许这就是对亲信的要求之一吧。

Eric 郁闷又无奈地说："我去另外一个项目，也不是项目经理，是补一个空缺，估计是个坑，但也没办法，老板安排的，能说不去吗？！"

子亦想到 Jerry 说的她的模式，她决定主动和 Chuck 沟通此事。下班后，她给 Chuck 打了个电话，本想从客户、项目等角度表明不换项目经理的重要性和合理性，但 Chuck 不仅不听，反而对她说："这事我来跟客户解释，正好过两天项目结项我要过去。"然后便挂断了电话。

项目结项当天，Chuck 来到 XT，单独和客户方项目负责人聊了两个小时。

晚上双方项目组成员一起聚餐，Charlie 也来了，XT 也是他所负责行业的客户。Chuck 又喝了不少，频频和客户碰杯，还劝自家顾问们敬酒。结束时，客户见 Chuck 有些醉了，便安排车和男员工护送，他大声说："不用不用，让子亦送我回房间……我想让她送……就一直没得逞……"

大家以为是醉话、笑话，总之没人回应，也不知道该怎么回应。只有

Charlie 给了子亦一个意味深长的眼神。一片喧哗中，众人各上各车。项目组住在同一家酒店，乘坐同一辆车回酒店，这次自然是 Eric 送 Chuck 回房间，子亦依然没有送他，逃回了房间。

第二天，所有顾问撤场。在酒店住了几个月，大家的行李不少，打包收拾好，各自飞回自己家所在的城市。

二期项目，以非现场的方式继续洽谈，但子亦发现 Chuck 越来越多地直接和客户对接了。直到某天，Charlie 突然在微信上问她："你要离职了吗？"子亦好生奇怪，发了一个大大的问号表情。Charlie 立即打过来电话，说 XT 二期项目 Chuck 和客户讲好他是项目总监，Nancy 是项目经理，后续洽谈子亦和 Eric 都不再参与。Charlie 听说后觉得不可思议，第一个冒出来的理由就是子亦要离职了，所以才会如此安排。

子亦先是一头雾水，之后有股怒火往上涌。那么，Chuck 是以什么理由让客户接受的呢？Charlie 说他去打听一下。明天可以见面聊。

次日晚上，子亦和 Charlie 约在一个简式西餐厅见面。Charlie 告诉子亦，Chuck 给客户的理由是：Nancy 比 Eric 沟通能力更好，项目经验更丰富，而且 Nancy 和子亦不和，配合不好，所以他愿意亲自投入时间在这个项目上。同时，Chuck 还承诺会请其他团队的不同领域的专家来 XT 和客户交流。

撒谎！

子亦气得说不出话来。

Charlie 懂得子亦。

他往子亦的杯子里加了些热水，递给她，问："你怎么想？需要我做些什么吗？"

子亦还没缓过神来，她后背挺得笔直，握着拳手，语速很快地问："他为什么要这么做？！我不理解！"

"你跟新老板相处得不好吗？你们之间有什么误会？"Charlie 反问。

误会？——因为没打小报告？因为没送他回房间？因为不是他的亲信？但这些话，子亦不能跟 Charlie 讲。

Charlie 也很体贴地没有要她回答，他继续问："这么做，对他有什么好处？对你有什么损失？"

对他的好处？——他从子亦手里拿走了 XT 项目的实质控制权，可以安排所谓"自己人"。但他是合伙人，他这么做意味着他要投入很多时间精力在这个项目上，减少对其他事项的投入；或者他不能保证对 XT 项目的投入，这样势必会影响项目质量。

对我的损失？——首先损失了这个项目的业绩，其次损失了客户。但想想客户也并没有坚持，看来客户更希望的是多见见其他顾问吧，所以也不算损失了客户，主要损失的还是业绩，影响的可能是晋升。

道理和逻辑清楚些了，但还是气愤！

气愤什么呢？对，他为了达到自己的目的，不惜欺骗客户，不考虑项目质量安排不合适的顾问。

当价值观面对理想与现实、整体与个体的差异时，该如何选择

"这样的行为不符合公司价值观！"子亦忍不住敲了一下桌子，"我们的价值观里包括诚信负责、成就客户，这些是我们一直倡导的。我们是这么做的，也是这样跟客户强调的。"

"你总给客户做企业文化，你也知道，企业说的价值观和实际个人行为之间总有差距，这也是企业找咨询公司要解决的一个问题呀。"

"话是这么说，但作为高层，影响力和破坏性更大，言行更应保持

一致。"

"以前只不过你没遇到过罢了，你运气好，一直跟着Jerry，我换了好几个老板了，每个老板的行为风格和价值观都不一样，也见过高层为了算业绩钩心斗角的，绩效导向在所难免。"

其实Charlie说的情况子亦也不是完全不知道，她也在很多企业中看到过类似的现象。

"可能是我们的个人价值观不相符吧。"子亦想到Jerry跟她分析过的情绪，她此刻的愤怒应该是因为这些事触碰到了自己的价值观吧。

对企业而言，价值观是管理、工作行为的准则。对个人而言，价值观是认定事物、判别是非的一种思维或取向。价值观的重要性在于，它是一个人获得成就感的关键，恪守价值观能让你感到更加满足，同时，它是人在获得成就感过程中的重要工具。

"今天转换一下，我来当顾问。请问你的价值观是什么？"Charlie问。

子亦看他一本正经的样子，突然觉得有点好笑，愤怒的情绪一下子减缓了一些。"顾问不是这么当的。直接问客户'贵公司价值观是什么'，客户会说'我要是清楚了还找你干什么！'"

"好吧，我又不是专业顾问，你让我讲行业还行。这样吧，你先把企业提炼价值观的方法告诉我。"

子亦拿出随身携带的本和笔，边画边给Charlie讲，企业核心价值观的提炼需要从三个维度思考——

1. 企业的使命、愿景、战略对企业文化提出的要求。
2. 对企业对标的标杆企业进行研究，看哪些是可以合理借鉴的。
3. 企业发展过程中的成功故事所体现出的优秀价值观。

对从这三个维度提取出来的备选价值观，按兼顾经济实用、情感、发展、社会伦理的原则综合衡量，进行筛选。如果企业有价值观，在原有基础上要讨论需要传承的、不变的是什么，以及随着业务发展变化需要植入什么新的价值观；如果企业没有提炼过价值观，可以按重要性排序，最终讨论出企业核心价值观。核心价值观不能多，通常在 3～5 项之内。

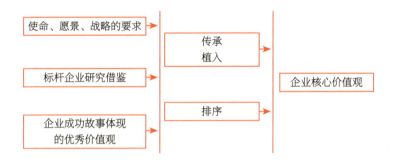

Charlie 很认真地听，不时地点头，听完后拿过子亦的笔，在另一页上画起来，然后对子亦说，个人价值观是不是可以这样思考——

1. 个人的使命、愿景、人生目标。

2. 个人的标杆即心目中的英雄人物，他们身上有哪些点是自己期望具备的。

3. 个人生命中感到完美、深刻、难忘的美好时刻。

从这三个维度列出所有选项后，再筛选出最重要的几项，得出个人价值观。

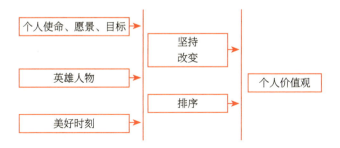

子亦连连点头,称赞 Charlie 的领悟和思考能力。Charlie 微笑地摆正身姿,职业感十足地看着子亦:"那么,我们开始吧,子亦总。请问你的人生使命、愿景和目标是什么?"

我的个人价值观是什么,什么是最重要的

子亦沉思了一会儿,抬头认真地回答:"这个话题太大,也许不是现在就能立刻想清楚的,但活到这个年龄,其实应该早点想清楚才对。目前我想到的是希望自己可以帮助更多的企业、更多的人,做一个有贡献的人。"

Charlie 记在本上,然后又问:"那么你心中的英雄是谁呢?仰慕或者深受激励和启发的人。"

子亦回答:"咱们公司的 Judy、Jerry,还有……孙悟空、特蕾莎修女……"

"他们身上有哪些闪光点?"

"Judy 的优雅、干练;Jerry 的谦逊、睿智、尊重他人和公正;孙悟空有厉害的本领、扬善除恶、率真;特蕾莎修女的善良、大爱。"

"那么,你现在能想到印象深刻的巅峰时刻吗?"

子亦又陷入沉思,过了一会儿说:"我现在想到两个场景。一个是和闺蜜们的毕业旅行,一起去了西藏。一路上美丽的景色、信仰的力量、纯朴的人们,还有我们几个女性在一起的欢乐,现在想起来依然很向往。还有一个是来公司后的第一个项目,前期很痛苦,但是最后获得了客户的认可,当我拿到这个项目的卓越服务奖时,我对转型成为一名优秀的咨询顾问有了信心。"

"从这两个巅峰时刻可以提炼出来的是什么呢?"

"嗯……第一个是美丽、自由、欢乐;第二个是认可、成就。"

Charlie 将本子递给子亦看，上面是他列出的所有子亦提到的词：

贡献、优雅、干练、谦逊、睿智、尊重、公正、能干、扬善除恶、率真、善良、大爱、美丽、自由、欢乐、认可、成就

子亦说："哇，不少了。整理一下的话，有些好像不属于价值观，可以去掉，比如干练、能干；有些可以合并，比如扬善除恶和善良，优雅和美丽。"她边说边修改。

"还有补充吗？"Charlie 问道。

"有！不断学习、成长！还有承诺！"子亦有点兴奋。

"好，那么现在是 15 项价值观了。"

贡献、优雅、谦逊、睿智、尊重、公正、率真、善良、大爱、自由、欢乐、认可、成就、成长、承诺

"现在要排序了，你先精简到 10 项以内吧。"Charlie 建议道。

子亦迅速划掉了自由、欢乐，然后速度便慢了下来，思考了两分钟后，将率真和善良划掉，她自言自语道："爱包含善良吧，谦逊和率真有点冲突，我更喜欢谦逊。"然后，她又在贡献、认可、成就三个选项上犹豫着要不要精简一个，最终她把成就划掉了。

贡献、优雅、谦逊、睿智、尊重、公正、大爱、认可、成长、承诺

"现在 10 项了，你说过企业核心价值观不能超过 5 项，你也选出最重

要的 5 项吧。"Charlie 说完，看子亦皱着眉头还紧咬着嘴唇，知道不容易选，建议道："对企业来说，不坚持就会影响企业成功的是核心价值观吧，对个人来说，拥有哪几项生活才完美，或者说哪几项是不可或缺的？"

子亦在每个词上停留，权衡着拥有它和失去它对自己的影响。她舍不得宝贝似的划掉了一个又一个，直到剩下 5 个词：

贡献、尊重、公正、认可、成长

"接下来该排序了。"Charlie 引导着步骤。

子亦舒口气，对 Charlie 说："在企业里选出核心价值观就不需要再排序了。这 5 项对我来说都很重要。"

"是吗？但是，如果这几项之间有冲突时，你会如何选择呢？就像这次 XT 项目的事，我虽然不知道 Chuck 的价值观是什么，但他刚坐上这个位置不久，应该也希望被公司和客户认可，他的排序里认可或者成就之类的排到了前面。如果你也遇到了既想获得认可，又不能那么公正的时候，哪个对你来说更重要呢？"

是呀，哪个对自己最重要？

子亦想到《高效能人士的七个习惯》中提到"以原则为重心"，有一个例子说，假定你买好票准备晚上和爱人一起去听期待已久的音乐会，突然老板要你晚上加班准备第二天的重要会议，你会怎么办？以家庭为重心的人，自然优先考虑爱人的感受，很可能会委婉拒绝老板；以工作为重心的人会毅然选择加班，既可增加经验，又有更多表现的机会，有利于晋升。还有其他几种以不同原则为重心的选择，总之以原则为重心的人，思想行为自成一格。

子亦想到自己平时给人的感觉一贯是内敛平和的，甚至有人说她好像从来没发过脾气。其实怎么会没脾气呢，只不过是用职业化伪装并压抑着。在生活中，子亦大多时候很随和，很多事不太在意，小到去哪里、吃什么，大到孩子上什么学校，只要他人喜欢，她不太坚持自己的想法。但是她会在某个点突然爆发，站出来维护正义，特别是有人欺负弱势群体，或者有人不遵守秩序影响到了别人，比如排队时有人插队，她会很严厉地指责，让插队的人去排队。这应该是"公正"和"尊重"吧，这是她的底线，一旦有人挑战这两个底线，她会爆发。"认可""贡献""成长"一直是她认为对自己很重要的，如果不符合，她会有负面情绪，但不至于爆发，反而还会促使她更努力。

如果"认可""成长"和"贡献"需要通过牺牲"公正""尊重"去获得，那便失去了真正的价值！

原来，"公正"和"尊重"对她来说最重要！

子亦的价值观排序：

1. 公正
2. 尊重
3. 认可
4. 成长
5. 贡献

子亦看着这个排序，心想原来自己对 Chuck 的愤怒是由于他挑战自己"公正"这个价值观，但显然这项不是 Chuck 的价值观。至于他的价值观是什么，子亦此刻并不想探究。

"为什么公正对你最重要呢？你把它排在了第一的位置。"Charlie好奇地问。这和他想象的不太一样。

"我也在问自己这个问题。我在遇到不公正的事情时就像点燃的炮弹，或者像说了口诀似的变身，变成了另一个我，不是淑女，是战士。从小就是这样。"

"那应该跟从小成长的家庭和环境有关喽。"

"应该是吧。在我成长的小地方，重男轻女，家里的好东西要给弟弟，包括夸奖，我要加倍努力、做家务才能获得应有的……"

如何实现价值观

Charlie怕她提到伤心的过去，忙转了话题问："在很多企业，企业文化、价值观落不下去是什么原因？"

子亦回答："通常有三个原因。首先，是对价值观不理解，认知不到位，比如'诚信负责'，每个人都会有自己的理解，所以需要澄清、形成共识；其次，要和管理体系一致，比如价值观是创新，但组织还是职能管控、层层汇报，考核和激励并没有考虑创新的因素，那是无法实现创新的；最后，要落实到行为上，特别是管理者的以身作则，员工感知文化更多来自上级，说的和做的不一致，还不如不说。"

Charlie在企业核心价值观的图上把这三点加了上去。

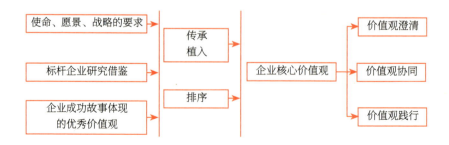

Charlie 若有所思地问:"如果企业做到了这三点,但还是会有言行不一的管理者或员工,应该怎么处理呢?比如咱们公司,企业文化建设做得还是挺到位的,但还是有 Chuck 这次的行为。"

"这个嘛……通常来讲这种情况其实是难以避免的,有时可能是刚入职还不够了解企业文化,有时可能是为了短期利益钻空子,有时可能就是个人价值观和企业价值观不符,等等。前两者是在一个阶段出现,长期来看必然会被发现、纠偏,从而趋于与企业价值观一致;第三种情况,个人会比较难受,难以在企业中长期发展下去,因为个人要适应企业价值观的要求……"子亦说完这番话,心里也舒服了很多。Chuck 这三种情况可能都存在,但她对公司的企业文化和价值观很认可,也有信心,所以他的做法势必不会长久。

同时,不同的人有不同的价值观,价值观并无对错好坏之分。她的价值观显然和 Chuck 的价值观存在很大差异,Chuck 的价值观里应该有"权威""控制""关系",等等。子亦觉得在不违背公司价值观、客户利益的情况下,她可以尽量去理解 Chuck 行为背后的诉求、信念和价值观。

"那么,个人价值观又怎么实现呢?"Charlie 问。

"真是个好问题!"子亦看着他,眼里闪着光,"很多人不知道自己的价值观,而知道自己价值观的人被外界现实影响了,压抑了,也并不一定能实现自己的价值观。"

"所以要评估哪些实现了,哪些没实现,再像我们常要求客户的那样,列一个行动计划,把未实现的实现,对吗?"Charlie 眼里也闪烁着光彩,看向子亦。

"对的!"子亦坚定又温柔地笑起来。

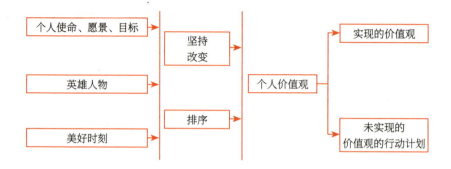

回去的路上，子亦想了想，认为遵循自己的价值观可能是很难的，但它会使人产生满足感。遵循自己的价值观可以更舒服、更快乐地做成事，如果忽视价值观则会损耗自己，感到烦躁和疲惫，但人们又常常处于问题中而没有意识到自己的价值观。

到家后，子亦又拿出本，尝试对5项价值观打分。如果分值范围是1～10分的话，自己在日常工作和生活中达到了什么程度呢？

1. 公正　7分（第一次意识到它的重要性，不确定自己是否一直秉持，暂且7分，待后续进一步觉察）

2. 尊重　10分（这点自己做得很好，尊重每一个人、每一个大自然中的生命）

3. 认可　5分（Jerry留给我的功课还要持续思考，由从外部获得认可转变为自我内在认可）

4. 成长　8分（一直在不断学习、好奇并开放地探索新领域）

5. 贡献　6分（在能力范围内为他人、组织和社会做出了一些贡献，现在越来越发现对人内在的影响比方案更有价值，希望可以更多地做出贡献）

出于顾问的职业习惯,子亦又按照GROW模型做了计划,这才满意地对自己说:"要活出自己的价值观哦,加油!"

排序	价值观	目标(G)	现状(R)	选择(O)	计划(W)
1	公正	10分	7分	观察、分析、强化、再评估	自我观察一个月,记录并分析其深层根因
2	尊重	10分	10分	—	
3	认可	10分	5分	思考研究价值感、提升自我认可、与Jerry再进行交流学习、观察他人	每天表扬自己三点,坚持一个月
4	成长	10分	8分	关注自我内在成长	了解自我内在成长的知识工具,接触相关机构
5	贡献	8分	6分	待第4项提升后再做此项计划	—

1. 梳理个人价值观可以从个人使命/愿景/目标、英雄人物、美好时刻三个维度探索，筛选、识别出对自己最重要的 5 项价值观，并进行排序。

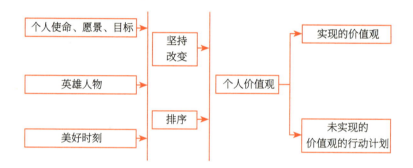

2. 对自己的每一项价值观进行评估，分值范围为 1～10 分，10 分代表你一直在有意识地遵循个人价值观做出决定，1 分意味着你几乎从不遵循个人价值观行事。然后思考可以让自己更活出个人价值观的行动是什么。

可以问自己如下问题。

（1）目标（G）：

- 你希望每项价值观达到几分？
- 当达到 10 分时，是什么样的？自己会有什么感受？

（2）现状（R）：
- 每项价值观达到了多少分/什么程度？
- 什么原因使这项价值观现在没有达到10分或自己满意的分数？
- 阻碍你达到10分的原因背后有什么假设？
- 什么导致你违背了对你如此重要的价值观？

（3）选择（O）：
- 你会做些什么来提高分数？
- 你还看到了哪些其他的选择？
- 你认识的人当中，谁很好地体现了这项价值观？他们会给你什么建议呢？

（4）计划（W）：
- 你会承诺做些什么来让自己实现活出价值观的目标？
- 你准备做些什么？
- 可能会遇到什么障碍？
- 你会如何克服？

排序	价值观	目标（G）	现状（R）	选择（O）	计划（W）
1					
2					
3					
4					
5					

第三章

幸福的婚姻真的存在吗
——是什么让我们相爱却彼此伤害

寻觅家的温暖

子亦疲惫地拖着行李箱打开家门。奇怪,家里好安静。通常晚上八点多应该是女儿韩悠悠在客厅写作业,老公韩岩坐在沙发上看书或看手机的时间。今天家里居然一个人也没有,这大冷天的他们去哪儿了?子亦发了条短信给韩岩。不知道从什么时候起,他们俩的沟通越来越少了。

子亦记得刚结婚时,白天韩岩都会打一两个电话问问她吃了什么、累不累之类的,闲聊几句。再往后,当子亦出差时韩岩会打电话询问到没到酒店,让她注意安全等。再后来,如果家里没有什么特殊的事情需要子亦知道,子亦即使出差七八天也接不到韩岩的电话。

子亦等了一会儿,没有收到韩岩的回信,她拨通了电话:"你们在哪?"

韩岩："在医院，悠悠发烧了，看完就回去。""在哪家……"子亦说了一半电话就被挂断了。她回拨后对方没有接。子亦从刚才的电话中感受到老公烦躁的情绪，好像还有一些生气。

子亦又拨通韩岩的电话，响了很久没有人接听。过了两分钟，收到一条信息："已打上点滴，你不用来了，打完点滴我们就回去。"

子亦把手机摔到沙发上，也把自己摔到了沙发上。

近两年她常常能感受到老公和她说话时的厌烦情绪。每次看到韩岩摆出一副臭脸，子亦的心中也跟着泛起气愤和厌恶感，心里默想："又犯什么病呢，我又哪里让他不满意了，他那么喜欢生气他就自己生去吧。"每每遇到这种情况，子亦也会冷着个脸，对其视而不见，要不一个人看书，要不就和女儿悠悠一起玩。

韩岩曾是子亦的同事，子亦当时是一家外企的人力资源专员，韩岩是IT部的工程师。公司不允许办公室恋情，韩岩果断提出离职，好让刚毕业不久的子亦安心在这家外企工作。子亦很感动韩岩能为她做出牺牲，如果韩岩不离职，他再过半年应该就可以升职为高级工程师了。子亦那时刚工作半年，如果离职，很难再找到更好的工作机会。

刚认识韩岩时，他不太爱讲话，显得略有些腼腆，为人很随和，很乐意助人，脸上常挂着暖暖的笑意。子亦被他的笑容所吸引，和他在一起就有种温暖的感觉。那时子亦觉得自己很幸运能碰见韩岩，她相信韩岩能给她一个温暖的家。

那时的子亦从没想到结婚十多年后，家的温度就渐至冰点。近两年常常在家时，两人都视对方是透明的，两三天互相不说一句话。如果赶上子亦有项目出差，可以有几周不交流。子亦在得空时，也只是打电话到家里和女儿聊几句。她一方面因常出差、陪伴孩子的时间太少了而感到有些愧疚，另一方面她又希望出差在项目上忙碌着，不用面对家里冰冷的感觉。子亦不知道原本暖暖的韩岩怎么就变成了这个样子，一想起韩岩冷漠的眼神，她就觉得心寒、愤怒和无助。子亦闭上眼回想起过往的一幕幕，眼泪不由得滑过嘴角。

子亦想是不是自己的婚姻快要走到尽头了。她想起在网上看到的一句话："你以为找到了一个为你遮风挡雨的人，没想到他是你最大的风雨。"她现在开始认同这句话了。

人为什么要结婚

子亦斜靠着沙发，脑子里冒出一个想法："我为什么要结婚，如果现在是单身会不会更愉快一些呢？"下午在VIP候机室里，子亦顺手翻看了一本书，其中提到了人们结婚的理由。

在当代，两人相爱是大多数人能够步入婚姻的基础。子亦认为她和韩岩是单纯地因相爱而结婚。那又是什么让两个人相爱呢？从心理学的角度讲，爱上对方是因对方的人格特质或外在条件吸引了自己，而之所以能够被吸引，其实更多的是对方满足了自己的某些需求。

依据自己的需求，人们希望得到的爱的信号是不同的。爱的信号分为四种类型：第1类是照顾型，对方会把自己的生活起居打理得井井有条，比如对方做了自己喜欢的饭菜，出差前对方已经帮忙把行李准备好了，等等。通过被照顾，自己能感受到爱意。第2类是物质型，对方知道自己喜欢什么，时不时地会买些礼物，满足了自己的物质需求。第3类是陪伴型，对方愿意花时间高质量地陪自己一起做些事情。第4类是心灵型，对方懂得自己的情绪，理解自己的想法，有共同的价值观和人生追求。

子亦思量着，觉得自己的爱的信号的优先顺序是4、3、1、2，她发现近几年和韩岩的深度对话几乎没有。结婚的头几年，子亦每次出差回来都会给韩岩讲讲在甲方那里遇到的一些事情，或者倾吐在工作时受到的委屈，他俩还常常就一些热点新闻发表一些观点。韩岩说得少，但听得很专注，也时不时配合子亦的论点说些自己的想法。子亦觉得韩岩很有见解，能帮她看清、想明白一些事情。近些年子亦发现韩岩不怎么爱听她说这些了，他有时好像也没听懂子亦所讲的内容。有了孩子后，子亦觉得自己总出差，好不容易在家，就应当把自己的所有时间用来陪孩子。夫妻俩交流的话题少得可怜，子亦不知道好像也不想知道韩岩近几年都在做什么，想什么，结识了什么新朋友。韩岩亦然。两个人的生活好似两条平行的轨道线，看似很近，但实际上没有交集。彼此一周好像都说不上几句话，这几句话中除了关于孩子的，就剩下交代一些家里要处理的事情。

在婚姻中什么样的期待是合适的

　　子亦时常想，这种状态的婚姻是正常的吗？是不是自己期望值太高了？韩岩对悠悠很上心，是一个负责任的爸爸，家里日常事务也是韩岩在操心。子亦把钱交给韩岩管理，家里水电费等的支出也都由韩岩操办，子亦都不太清楚水卡和电卡怎么使用。韩岩不抽烟也不喝酒，更不爱应酬，除了偶尔加班之外，一般下了班就在家宅着，陪着孩子，或者看他喜欢的美剧。种种迹象让子亦相信韩岩外面没有别的女人，可是为什么韩岩近几年都是对自己冷冷的，甚至有时表现出厌烦呢？是自己过度敏感了吗？中年夫妻上有老下有小，再加上工作忙碌，没有精力再关注对方？还是因为十多年在一起，像左手摸右手一样没有心动的感觉了呢？子亦痛苦地想，难道是自己有什么问题才使得韩岩不再爱她了吗？自己做错了什么？子亦唯一想到的就是自己工作太忙，常常出差。

韩岩曾希望她做全职太太，等孩子3岁后再去找个安逸轻闲的工作，这样好照顾孩子和家庭。但是子亦想实现自己的价值。她更想向她的父母证明，虽然自己是女儿，但也能成为他们的骄傲（想到父母，子亦的眼神更黯淡了一些）。子亦希望自己既可以发展好事业，又可以做个好妈妈。为了让悠悠能获得更多的妈妈的爱，子亦除了工作外，把其他时间都用来陪伴悠悠。她很久没有逛过街，很久没有与朋友聚会，很久没有和韩岩过二人世界，很久没做自己喜欢的事情。她如此拼命地工作，又使劲挤出时间来陪伴孩子，子亦觉得自己像不停转动的陀螺，坚持了这么多年，她现在深感疲惫。

子亦的辛苦与坚持，韩岩懂吗？子亦多希望在自己感到疲倦时，在外面打拼受挫时，韩岩能理解她，给她支持和温暖。然而没有，从韩岩冰冷的态度中，子亦感受到的是丈夫的不理解和不满。子亦想："也许韩岩在内心觉得我辛苦奔波是自找的。也许韩岩还会认为我自私，只考虑自己的事业而不顾家。我真的做错了吗？"子亦有些困惑，韩岩想安安稳稳地过日子，而她却希望能在事业上不断突破，实现自我的更大价值。"也许我们并不是一路人，还要捆绑在一起同行吗？"子亦想既然彼此折磨着，还不如离婚。想到离婚，她心里隐隐地一痛，女儿悠悠怎么办？

"人们常说婚姻是需要经营的，可是如何经营？而且婚姻是两个人的事情，单靠一方经营真的有用吗？现在我们一周都说不上几句话，应该从哪儿开始经营？"子亦又想起前两天朋友发来的一个段子："谁说男女间没有纯友谊，你结个婚试试。保证你穿成透明的，他也能把你当成透明的。"子亦苦笑着，这就是我的婚姻状态，夫妻成了室友。

子亦满怀各种情绪，但表面却云淡风轻，好似一切都正常，都可以接受。日子不咸不淡地熬着。子亦深切渴望来自丈夫的疼爱，但表面却满不在乎，好似韩岩的存在可有可无。子亦甚至表现出希望彼此远离的姿态。子亦不表达自己的情绪和渴望，觉得说出来很丢脸，她希望韩岩能够"猜中"自己的心思。因为她内心坚定地认为，如果韩岩爱她，珍惜她，就会回应她的情绪，满足她的渴望。如果韩岩视她如透明的，不关注、不了解她，也就说明他不再爱她了。这时再表达自己的情绪和渴望，不是自讨没趣吗？如果她表达出对丈夫的依恋后，对方依旧不理不睬，那岂不是很伤自尊？子亦害怕被韩岩拒绝，她宁可压抑自己对家庭温暖的渴望。

你需要的婚姻与孩童期的情绪有关

让子亦困惑的是，为什么她在家里与韩岩互动时那么敏感、挑剔、计较、患得患失，而在工作生活中与同事朋友互动时那么大度、包容、迁就。难道这就是大家共同犯的毛病，把最好的一面留给了外人，把最差的一面留给了家人？

其实，这种让子亦感到困惑的情况，在大多数成年人身上都会发生。因为成年人在进入稳定的亲密关系后，其行为模式大都退化到孩童时期的状态。特别是双方发生冲突时，各自的情绪和行为都会受到原生家庭的影响，回到孩童时期的模式。这与我们大脑的演化相关。

例如，当某人当众指出你方案中的错误，建议你用更佳的方法解决问题时，显意识能分析出对方的方法确实让你获益更多，而潜意识中隐藏的情绪恣意爆发，难堪、不安、惭愧或恼怒不听指挥地冒出来。你需要聚集很大的能量调动意识层来克制这些莫名的情绪，回应以合适的行为和语言，但你的心跳、排汗等却不受你的控制。

通常进入亲密关系之后，人会不自觉地退化到孩童时期的行为模式，用和父母互动的方式和伴侣互动，或是下意识地让伴侣用父母对待自己的方式来对待自己——大脑是有惯性的，潜意识会寻找自己最熟悉的情感方式去应对，无论发生的是什么。

子亦听说过潜意识这个词，但对其具体是什么，又怎么形成了潜意识，一点概念也没有，更没有想到她与韩岩的互动模式和她与父母的互动模式有这么强的关联性。

子亦的出生并没有获得多少祝福，一家人期盼的是个男孩，而她的降临让他们失望了。子亦5岁时弟弟出生了，全家人很开心，子亦也跟着开心。慢慢地，她发现家里的大人们对她和对弟弟的态度是完全不同的。她在家里好像是透明的，没有人看到她，没有人听她想说什么，没有人关注她需要什么。随着年纪变大，她承担了大部分的家务，但也没有换来大人们的关注。妈妈常说养儿防老，弟弟以后是会有大出息的，他们的晚年就指着弟弟了。子亦刚开始还不服气，争着说她也能和弟弟一样，但妈妈每次的回复都是女孩子有什么用，只能在家里做做家务，会有什么出息，而且长大了嫁人就更指望不上什么了。

子亦不再与妈妈争论了，她努力地学习，希望证明她是个有出息、能被指望得上的孩子，但妈妈总让她做完家务再学习。小她5岁的弟弟从来不干家务，像宝宝一般被伺候着，生活自理能力堪忧。子亦并不喜欢做家务，但是她愿意帮妈妈分担，可那种"理所应当"让子亦有种被轻视的不公平感，还有一些伤感。

孩童时期的境地，使子亦的内心住进了一个"自卑又高傲"的小孩，但是她不知道。

子亦能够意识到的就是自己不认为家务是她必须做的，独自租房的时候她宁可少吃几餐，少买些衣服，她也会每两周请保洁员好好打扫一下房间。子亦没有意识到做家务触发了她潜意识区里的屈辱感、愤怒感和伤感，她只是觉得做家务是一件高投入、低产出的事情，浪费时间。

婚后她建议韩岩请小时工做家务，但韩岩不喜欢请外人来家里打扫。子亦迁就着韩岩，每到周末他们俩就一起做家务，有说有笑，子亦觉得也算值得。自从女儿悠悠降临，家务剧增。虽然悠悠的奶奶从老家搬来帮他们带孩子，白天孩子由奶奶照看着，家务不能再让老人承担了，子亦和韩岩下班后也得简单做些家务。她很希望雇小时工打扫家里，这样省出来一些时间，既可以多陪伴女儿，也可以让他俩放松休息，而且以他们的收入完全支付得起，可是韩岩还是执拗着不肯。子亦的工作越发忙碌，一周的家务累积如山，子亦想想就心烦，而且在难得的周末她更希望能让自己做些愉快的事。

情绪按钮

触动子亦神经的是孩子的奶奶。子亦发现当韩岩做家务时，奶奶常常会赶紧让他放下，要不让他休息，要不让他陪孩子玩。而子亦做家务时，奶奶从来就当作没看见，和韩岩一起逗悠悠玩。一天，子亦的情绪按钮被再次触动。当韩岩想起身去洗碗时，奶奶说："放那吧，一会儿我洗，你来给悠悠读绘本。"子亦这时刚好在接听一个工作电话，20多分钟后她看到韩岩还在给悠悠读绘本，奶奶仍在旁边喜滋滋地坐着看着他俩。子亦欢喜地走向悠悠，此时韩岩顺口说："你一会儿洗碗时把奶瓶也洗了吧，没得用了。"子亦一股怒火噌噌往上冒，脱口吼道："你愿意洗你洗，别指挥我。你不想洗就请小时工来洗！"说完就摔门而出。

在小区走了一圈的子亦慢慢冷静下来，觉得自己刚才太小题大做了，没有必要为洗个碗向韩岩发这么大的火。此刻，子亦的显意识在工作了，理性思考占据了主导地位，她开始想在下次类似的事情再发生时什么样的处理方式是合适的。下一次子亦真的可以处理好吗？可能还是会事与愿违，掌管情绪的潜意识会把子亦孩童期的屈辱感、愤怒感和伤感等情绪先释放出来，可能又让自己和别人都觉得匪夷所思。

韩岩确实对子亦刚才的行为感到震惊，他觉得自从子亦生了孩子后她的脾气就变得古怪了，有时候她会莫名其妙地发火。悠悠被眼前的突变吓得大哭，奶奶气愤地说："找了个什么媳妇，臭脾气被你惯得没边儿了。在老家这样的媳妇早被揍了，不干家务活，脾气还大。"韩岩被妈妈的话搅扰得更烦躁了。

在韩岩的记忆中，他小的时候，妈妈时刻忙碌着家里大大小小的事情，不算富裕的家被妈妈收拾得整整齐齐，充满了温馨。妈妈不太爱说话，但对韩岩照顾得很细致。韩岩几乎不用开口，妈妈就知道他需要什么，需要的干净衣服总是整齐地叠放在他伸手可触的床头，学习用品也整齐地摆放在桌子上。如果学校要组织户外活动，妈妈也会妥当地准备好吃的用的。韩岩感恩妈妈对他很疼爱，他享受着妈妈整天围着他转，不是因为妈妈能帮他做多少事，而是这背后代表着妈妈对他的爱。韩岩在潜意识中将做家务与爱相关联，是爱与关注的体现，它引发的情绪是喜悦感、安全感。

如果按照四种类型爱的信号来看，对韩岩而言第1类照顾型在他的排序中是第一位的。这一点韩岩并没有意识到，潜意识中他会按自己最熟悉的情感方式去应对亲密关系中的互动，下意识地希望子亦用母亲对待自己的方式来对待自己。而潜意识中他排在最后的一项是第4类心灵型，韩岩和他妈妈一样话不多，觉得只要为对方操心打理好事情就是全部的爱，什么情绪、想法、价值观，都是摸不到且看不见的，并不能体现爱。

其实打动子亦的正是韩岩对她细致的照顾，子亦在原生家庭里从未获得的那种被爱、被关注的感受温暖着她。子亦回报给韩岩的爱是专注地聆听他的想法，欣赏他独特的见地，在他有挫败感时给予鼓励，努力工作赚钱减少韩岩的经济压力。

原本他们是互补且默契的一对，都在用自己最擅长的爱滋养对方最匮乏的爱。结婚的前几年，幸福弥漫着整个家。不知道是孩子的降生，使他们退回到孩童期的潜意识，还是因为老人介入他们的生活，将他们拉回到自己最熟悉的情感互动方式中。韩岩希望从子亦那获得照顾型的爱，而子亦希望能从韩岩那得到满足心灵相通的滋养。他们都在向对方索取自己最想要而对方却最匮乏的。自己本就匮乏的爱如何能给予别人呢？于是他们双方都感觉没有充分获得自己最想要的爱。

更糟的是，当子亦希望韩岩陪伴她，愿意聆听她近期有什么感受、想法和生活或工作中的进展，并给她一些建议、反馈时，韩岩心不在焉地听着，心里却操心着家里大大小小的事情，该买水电气了，要换纱窗了，子亦开的汽车要保养了……当韩岩希望子亦多料理一些家里的事务时，子亦也心不在焉地听着，心里却惦记着家里支出越来越多了，自己该如何提高收入水平、分担经济压力、改善生活质量，考虑着韩岩的高级工程师的评审有什么挑战，能帮他找到些什么资源……她更希望韩岩多讲讲理想、爱好、事业、所思所想。

子亦曾读到过一篇外文短篇小说，在一对老夫妻结婚40周年那天的早上，老爷子把烤好的面包拿出来后，切下面包两头放在老太太盘里，抹好黄油和果酱，等着老太太忙完就餐。老太太看到盘中的面包愤怒而委屈地说:"为什么又是我吃这难吃的面包皮,你太自私了,我忍了你这么多年,我从今天起不想再忍了。"老爷子被这一幕给搞蒙了,委屈地说:"40年,我每次都把我最爱吃的面包皮让给你吃,从没听到你说一句谢谢。"子亦当时读了觉得不可思议,两个相处40年的人怎么会不知道彼此的喜好?的确显性的喜好很容易了解,但深藏在潜意识里的喜好,有时自己都会糊涂,怎么奢想别人清清楚楚?

子亦和韩岩都苦恼着,他们彼此都用自己认为的"爱"去爱着对方,而对方却不领情。他们之间的状态从忍受升级为抱怨、指责、争吵,之后就是沉默、回避、冷漠,现在他们都开始质疑彼此还有没有爱,这个家还要不要继续。

成年人的世界被内心中住着的"小孩"影响

每当韩岩误读子亦发出的爱的信号,没有接收和回应时,子亦内心中住着的那个"自卑又高傲"的小孩就跳出来,主导着子亦的言行。子亦的内心越是感到委屈、愤怒、伤心,就越难以启齿表达自己真实的渴望和需要,就越难以在亲密关系中展现出温柔、依恋、可亲的一面。

子亦内心需要爱,但外显出来的是疏远和不在乎对方,其实是因为她害怕会失去或不可得时自己承受不起这样的痛苦。子亦外显出高傲的样子,很少求助于韩岩,更不会主动向他示弱或道歉。实际上子亦是自卑的,孩童期的她无论怎样向妈妈示好,在妈妈的心中、眼中也只有弟弟。她已不相信自己是一个值得被爱的人,自卑让她紧紧抓住尊严感,那是她保护自己的模式。

子亦在与人的交往中也复制着同样的模式。她总会在与人交往的过程中给人一种淡淡的疏离感,好像在说我们到这里就好。她内心恐惧更深的交往，因怕失去而宁愿不为此付出深情，随时准备"撤退"，不给别人伤害自己的机会。她敏感地捕捉别人的"拒绝"信号，只要别人流露出一丝忽视她的信号，就立刻自己先退避三舍，紧紧守护着她那颗"自尊心"。在工作中，只有获得出色的业绩成果，才让她觉得有价值感和尊严感。她内心中的那个"自卑又高傲"的孩子不断鞭策她要证明自己更有出息，更可以被指望。

子亦希望自己能控制住情绪，不再渴望温暖，不再伤心落泪，不再愤怒难平，这样做也许是对自己最大的保护，能让自己全身心地投入到应做好的事情上。子亦强迫自己展现出平静的一面，因而变得有些冷漠。她让自己独立面对所有事情却深感孤独；她咬牙让自己坚强不许示弱，却感到身心僵硬得像一部机器。慢慢地，那些被子亦控制住、掩埋起来、忽视的情绪以各种各样的方式，作用于她的身体。子亦开始胃痉挛、偏头痛、神经衰弱、掉头发，觉得疲惫乏力，有时会莫名其妙地发火、哭泣、焦躁。

子亦觉得自己的种种痛苦都是婚姻的不幸福造成的，婚姻成了她最大的风雨。子亦不想要现在的状态，但她好像又很无助，不知该怎么改变。她好像一直在被动地等着韩岩改变，等着韩岩像过去一样向她表达爱意，可等到的却是失望，现在她开始绝望了。

婚姻中的 7 种亲密方式

手机响了一下，她满怀期待地抓起来看，原来是同事发来的明天会议安排通知，她失落又自嘲地叹口气，随手翻开微信朋友圈。

一个前同事发在朋友圈里的培训宣传广告吸引了她："著名的婚姻家庭治疗师约翰·贝曼博士指出，95% 的婚姻是可以修补的，聆听大师的分享，拓展亲密的方式，丰富我们的生命，改善我们的婚姻。"

子亦点开链接，里面呈现了一段这样的内容：

夫妻的关系不能仅仅停留在做事的层面上，不能除了"家庭事务"以外就没有别的事情可做。

夫妻间可以有7种亲密。良好的夫妻关系应至少保持3种亲密。

情绪亲密——分享彼此的感受，快乐、悲伤甚至是愤怒；

性的亲密——肢体的亲密接触，自然流露的性邀请；

智力亲密——一起讨论重要的话题，分享自己的专业和工作；

审美亲密——一起欣赏美丽的东西，如音乐、绘画等；

灵性亲密——共同体验生命力，比如一起静心、冥想等；

社交亲密——拥有共同的好友；

娱乐亲密——有共同的兴趣爱好，能"玩"到一起。

著名的婚姻家庭治疗师约翰·贝曼博士亲临现场与你分享改善婚姻质量的真谛。

子亦逐条看过，心里越来越觉得冰凉，这7种原来都有，现在一种一种地消失了。子亦本来心存侥幸，也许他们现在的婚姻状况属于正常状态，也许人到中年的婚姻就是他们这样平平淡淡的。她忽然觉得很痛苦，是不是自己对婚姻的期望值太高？放低期望，接受现实，是不是会让自己的心态好一些？原本模糊的感受被这7种亲密撕扯得露出了白骨，寒意让子亦打了个冷战。

这7种亲密像一座座高山。子亦默念："你要放弃吗？你要重新建立亲密，翻过这一座座山去往你向往的彼岸吗？你还有勇气和力量吗？翻山的路途中会历经内心的各种折磨，值得你去做吗？"

听到开门声，韩岩扶着悠悠从门外走进来。

子亦忙上前抱住悠悠，用手摸她的额头，急切地问："怎么样了？"

"好些了。"悠悠的声音虚弱无力。

"快让孩子进屋躺着吧。"韩岩的态度似乎表明多说一句都会影响女儿的身体。

子亦没有理会他，也没有再说什么，她照顾悠悠洗漱、吃药、躺下，把被子给她盖好，然后坐在她的床边看着她睡去。

又将是一个无眠之夜，明天日出后所有的阴霾可还在？

练习

1. 爱的信号分为四个类型：第1类是照顾型，第2类是物质型，第3类是陪伴型，第4类是心灵型。关注自己和伴侣最需要和最擅长的类型，彼此交流，相互了解。

2. 用记录情绪日记的方式观察，你的情绪按钮是什么，尽可能回顾与孩童期相关联的事情，找到可能的根因。

3. 感受在自己的内心可能住着一个什么样的"小孩"（后面的章节会有更深入的介绍），这个"小孩"通常在什么情景下会跳出来，他有什么样的行为规律或特点。

试着填写下表（《你内心中的"小孩"》）：

给你内在的孩子起个名字	
用几个形容词描述他的特点	
当什么样的场景出现时他会跳出来	
当他出现时，你会有什么样的行为举止	
当他出现时，你会有什么样的情绪感受	

4. 对照夫妻间的7种亲密方式，查看目前婚姻中有哪些亲密方式，还可以拓展哪些方式，列出本周将要实践的行动计划并与伴侣交流。

第四章

我最甜美的"小天使"不见了
——青春期的女孩是"小恶魔"

与青春期的女儿关系恶化，子亦情绪失控

与韩岩的关系冰冷得像北京的严冬，子亦觉得心口像是被刀子一样的寒风割过。工作曾是子亦最好的避风港，然而这个避风港也下起了瓢泼大雨。子亦曾满心期待的美好状态一个个地破灭。有时子亦在心里祈祷，这已是最糟的状态了吧，应该触底反弹了吧。然而，令子亦最没想到也最难接受的状况却不断出现。

子亦机械地在小区的花园里走着，眼泪不停地流着。从身边经过的人们并没有引起她的一丝注意。子亦的大脑一片空白，她的情绪陷入懊恼中——为自己刚才动手打了女儿悠悠。

今天下午子亦难得没事在家。看到女儿的房间很乱，她顺手帮女儿把书桌整理了一下。女儿放学回到自己的房间,看见自己的日记本、书本都不在原来的位置了,便冲到厨房对正在做饭的子亦大喊:"你凭什么进我的房间?你有什么资格动我的东西?都说别动了,怎么你还动呀?你怎么还不出差?最好别回来,家里没有你还快乐一些,看到你我就烦,你走!"

子亦瞬间感觉所有的血液往头上涌,她扬手就扇向悠悠。被打的悠悠发疯似的怒吼着:"你打死我算了!你生我出来干吗?我根本就不喜欢活在这个世上!"悠悠跑回自己的房间,狠狠甩上门并反锁,留下子亦愣在原地,打悠悠的手在发抖,她的大脑一片空白,心口像是被什么东西堵着,憋闷得无法呼吸。子亦冲出家门,她需要逃离刚才的"战场",让自己先喘口气。

从来没有像此刻这样,子亦感觉自己活得彻底失败。

不仅事业不顺、夫妻关系冷淡,现在连她最珍视的女儿也疏远她,视她为仇人一般。她不知道怎么会发生这一切。

当她第一次从仪器中听到小小的心跳声,第一次感受到女儿的小脚踹自己的肚皮,第一次从护士的手中接过刚出生的女儿亲吻女儿娇嫩的肌肤时,她觉得女儿是上天赐给自己的天使。

从此她多了一份牵挂,也多了一份甜蜜。无论她工作有多辛苦,当和女儿在一起时,她就忘记了压力和烦恼。女儿冲着自己甜甜地笑,大大的眼睛发出萌萌的光彩,可爱极了。女儿喜欢用她软绵绵的脸亲昵地蹭着子亦的脸,每当这时,子亦所有的负面情绪都消散不见了,沉浸在一片幸福感中。

令子亦特别感动的是悠悠7岁那年的母亲节。那天悠悠比子亦起得还早,子亦起床后发现餐桌上摆着女儿为她热好的牛奶麦片和切好的黄瓜片。碗筷旁摆着女儿手工绘制的精美卡片,上面工工整整地写着"妈妈您辛苦了，我爱您"。桌上还有一束盛开的康乃馨，那是悠悠用自己节省下来的零花钱买的。那时，子亦认为自己是世上最幸福的妈妈。

所有这一幕幕曾让子亦心暖的情景又浮现了出来，但这些情景越来越模糊。子亦怎么想也想不清楚，什么时候和女儿的关系开始恶化了，怎么就走到了今天水火不容的地步。

近半年来，悠悠变得很少说话，回到家就喜欢把自己关进卧室里不愿意出来。更不愿意让子亦进入她的房间，还在房门上贴着写有"非请勿入"的字条。有时听到女儿在房间里独自生气地大吼，有时有摔东西的声音。子亦敲门想进去询问，多数会被女儿愤怒地怼回来："不用你管，离我远点！""我烦你，走开！"子亦又郁闷又生气。悠悠的情绪变化快得让子亦常常感到措手不及。前一秒母女俩还在开怀大笑，下一秒子亦不知道自己说了哪句"扎"到了女儿，悠悠的脸色一沉，或用冷冷的眼光斜眼看着子亦，或大吼着"我再也不想看到你"，留下子亦独自郁闷和生气。

有时子亦觉得悠悠是故意气自己，一句正常的问候、打招呼，或邀请女儿一起做什么，都会换来硬生生的表情或冷冰冰的语言，但悠悠和韩岩的关系却是越来越好。三个人出门时悠悠总会拉着爸爸的手，而不再让子亦牵着了。同样一件事情，爸爸说时悠悠就会做，而子亦说时，悠悠或视而不见，或怒吼"你怎么管这么多事呢"。看到这样的反差，子亦不只是郁闷，还有愤怒，自己那么珍爱的女儿就这样莫名其妙地故意与自己敌对。沮丧呀，原来在女儿心中，爸爸比妈妈重要，比妈妈亲近。子亦觉得心里好冷，开始对女儿心生怨念。

子亦曾听说过女孩子到了青春期会有一些变化，但她没想到变化是如此之大，如此猛烈。悠悠才11岁，刚进入青春期，原来那个小天使怎么突然就变成了"小恶魔"一般，这让子亦措手不及。

子亦虽然工作比较忙，但在如何教育孩子这件事上，她从不曾松懈过。从怀孕开始，子亦除了看专业书籍就是看各种育儿的书，对韩悠悠的教养差不多都是照着书上的方法做的。子亦觉得自己的童年不够幸福，希望给悠悠更多的幸福，让悠悠快快乐乐地过每一天，把自己从小想得到而未得到的爱都给悠悠，把最好的教育给悠悠。难道爱错了吗？做错了吗？为什么如今和女儿的关系变成了仇人一般？

青春期脑结构特点影响孩子的情绪与言行

子亦自己也经历过青春期，但那个年代，"听话"是对孩子的基本要求，她是不可能向父母大喊大叫的，再有情绪也只能忍着。在她印象里，青春期的天空好像总是"灰色"的。

现在的孩子则完全不同了，大多是独生子女，父母宠爱他们，不愿意自己受过的罪在孩子身上重复，所以孩子们更真实或更任性地表达自己。

子亦与女儿之间的这场暴风雨虽然猛烈，但很快就过去了。子亦和女儿都选择将这件事压在心底没有再提，甚至连韩岩都不知道发生过什么。但是子亦的心一直在隐隐作痛，她也感受到悠悠与她说话时多了一些疏离的礼貌。

周末子亦约悠悠一起去逛她们最爱去的一家书店，她们很喜欢这家有设计感、可以看书也可以喝咖啡的书店。悠悠很快选定了她爱读的科普类的书，窝在小沙发里专注地看着。

子亦慢慢地浏览着书架上的书。一本书吸引了她，是一本教育类的热门书，她不禁打开随意翻看，希望得到一些答案。

"青春期阶段大脑额叶发育还不完全。灰质数量多，白质数量少。也就是青春期的孩子智力水平飞速发展，但性情难以捉摸，情绪变化就像是坐过山车。他们几乎每天都会发生愤怒、伤心、烦躁、自我封闭的状况。同时每天也会充满激情、兴奋、热情洋溢或欣喜若狂。"

子亦心想这简直太像了，悠悠就像这样时不时地发个疯，搞得她心烦气躁，自己的情绪完全随着悠悠的情绪忽上忽下。

于是，她接着往下看。"青少年敏感，很关注别人说话的语音、态度，很容易从对方（特别是家长、老师）那儿误读出他们的'恶意'。也许在成人看来一场正常的对话，青少年都可能会读出指责、厌恶和敌意。从而在行为上就有明显的对抗、回避，在情绪上表现为愤怒、仇视、恐惧、哀伤等。而且青少年对压力的排解很难，因为他们的头脑对应激激素的反应和成人不同，再加上额叶还未发育成熟，所以学习、交友、家庭、社会给他们造成的压力很容易让他们产生焦虑感、抑郁感，从而有厌学、疏离亲友、寻求刺激或自哀自怨等行为，甚至有暴力、愤世、自残、自杀等过激行为。"

子亦吓出一阵冷汗，对比了女儿的行为，子亦更是自责加悔恨。可是令子亦疑惑的是，为什么悠悠和她爸爸在一起的时候并不是这样呢？好像还和之前一样是乖乖女的样子。子亦觉得自己好失败，一直那么努力读教育类的书，学做一个好妈妈，现在好像还不如自己的妈妈做得好。子亦想："我只是和妈妈不够亲近，觉得她偏心，但并不恨她。而悠悠好像是把我当成了仇人一般。我真的是这么差的母亲吗？"

子亦好像在哪里看过一段让她感到困惑的话："精神分析理论认为儿童在俄狄浦斯期间，就陷入了一种三角关系中。小男孩和小女孩在早期，都会与同性的一方，争夺异性。小女孩也有独占父亲的愿望，也会向母亲宣战，女儿会因为母亲抢走了父亲，而产生对母亲的恨。"真的只是性别的原因吗？子亦还是不能理解，而且也说服不了自己。

子亦记得那时悠悠过 3 岁生日，同事们来给悠悠庆生。子亦满脸幸福地说："生女儿真好，可贴心了，真像小棉袄。"其中一个年龄较大的女同事当时呵呵一笑："等你家女儿到了青春期，你就知道她还是不是小棉袄啦！"子亦当时没太懂这句话是什么意思，此时子亦回想起这段话，内心有些五味杂陈。

子亦也听说过"母女关系是世界上最复杂的关系，相爱相杀，爱而不能时，唯恨解忧"。她当初听时心里暗想："我和女儿不会的，悠悠与我多亲昵。"而近期这句话像有魔力般时不时地跳出来，让子亦感到焦虑。

子亦又翻开另一本书，她读到："同为女性的母女大脑结构相同，她们敏感于阅读面部表情，辨别肢体语言，洞察语音语调，有时彼此的谈话就是一场高手的对决，非辩论出个输赢不可。母女之间常误读对方而不自知，情绪失控后都知道对方的软肋在哪儿，话赶话，像用刀子戳心。"

与青春期孩子互动测评表

悠悠看似从上次母女间的"暴风雨"中恢复了。和韩岩同往常一般说说笑笑、撒娇卖萌。在子亦面前好像也比原来乖巧了一些。不过子亦明显地感觉到悠悠与她的亲昵感减少了很多。

又是一夜无眠。子亦决定向专业人士咨询，以求得帮助。

她的公司有员工心理援助项目（Employee Assistance Program，EAP），旨在帮助员工及其家庭成员处理各种心理和行为问题，提高员工的工作绩效。

子亦预约了 EAP 的专业老师。子亦说出了想咨询的问题，也讲了自己的困惑。老师问了一些问题，给出一些建议，同时给了她一张评测父母与青春期孩子互动状态的《与青春期孩子互动测评表》。

子亦拿到测评表后开始认真回答。

请对以下所列的状态描述打分，完全符合5分，大部分符合4分，部分符合3分，大部分不符合2分，完全不符合1分。

您与青春期孩子互动状态描述（第一部分）	得分
1. 您是否了解孩子在学校的情绪状态	
2. 您是否了解孩子可能在什么情况下会有强烈的情绪变化	
3. 您是否了解孩子近期有什么让他有压力或心烦的事	
4. 您是否了解孩子近期与什么人交流得比较频繁	
5. 您是否了解孩子崇拜的偶像是谁	
6. 您是否了解孩子的好朋友都是谁	
7. 您是否了解孩子近期的饮食变化	
8. 您是否了解孩子近期对发型、服装的喜好变化	
9. 您是否了解孩子近期喜欢做什么事情	
10. 您是否了解孩子近期上网喜欢浏览哪些内容	

第一部分合计得分40分及以上，说明您很了解孩子的状态，您关注到了孩子各方面的变化，很大程度上可以判断出他的心理需求和情绪状态，这有助于您与处于青春期的孩子形成信任关系，这是双方可以真诚友好沟通的基础。

第一部分合计得分25～39分，说明您比较了解孩子的状态，基本上可以推断出孩子产生各种情绪的原因，以及他的心理需求和成长中的挑战，通常孩子能感受到您对他的关心和爱，双方能建立较为友好开放的沟通氛围。

第一部分合计得分24分及以下，说明您需要提高对孩子的关注度。改善亲子关系首先从了解孩子开始。

子亦的得分只有24分，她突然意识到原来自己对处于青春期的女儿了解得这么少。她努力地回想女儿的所有事情，令她自责的是对女儿的了解好像停留在几年前——悠悠上小学一、二年级的时候。

那时女儿一见到她就会立刻扑上来，黏着她，给她讲学校发生了什么事情,老师说什么了,同学做什么了……似乎有说不完的话。悠悠还会制造一些小惊喜。有一次子亦打开电脑包时,发现一张粉红的小卡片,小卡片上画着两颗爱心,一大一小,还手拉着手,笑眯眯地看着对方。爱心旁边是夹杂着拼音的稚嫩字体,让子亦感动得流泪,上面写着:"妈妈您辛苦啦,谢谢您为我 chuang zao 这么好的学习条件。"

还有一次子亦出差近10天,回家后,疲惫的她只想立刻躺在沙发上休息。女儿看出子亦状况不佳,悄悄地倒了一杯温水递给子亦,然后又往子亦的手里塞了两块巧克力。子亦喝了口水,然后把巧克力随意地扔在餐桌上。子亦没有注意到女儿有些失望的表情。韩岩赶紧说:"这是悠悠从学校带回来的,是老师奖励她作业和背诵都获得优秀的奖品,她自己舍不得吃,一直留着给你的。"子亦有些愧疚,拉过女儿使劲亲了一口,搂着女儿一起品尝着载满幸福的巧克力。暖暖的幸福感瞬间融化了子亦的疲惫。

那时好幸福呀!

但是这种亲密幸福的感觉从什么时候开始慢慢发生变化了呢?慢到她都没有觉察到。如今与女儿时常爆发冲突,这些冲突不断地刺痛她,开始让子亦对她们的母女关系感到焦虑。

子亦心怀忐忑地继续进行测评。

请对以下所列的状态描述打分,完全符合5分,大部分符合4分,部分符合3分,大部分不符合2分,完全不符合1分。

您与青春期孩子互动状态描述(第二部分)	得分
1. 您是否常观察到孩子做得出色的地方并表达赞赏	
2. 您是否常在孩子有挫败感时鼓励他	
3. 您是否会放手让孩子做一些对他可能有挑战的事情	
4. 您是否会在孩子希望独处时给他空间,不去打扰	
5. 您是否在与孩子的谈话中,以聆听他讲什么为主	

（续）

您与青春期孩子互动状态描述（第二部分）	得分
6.您与孩子的谈话主题，是否常以孩子喜欢的话题为主	
7.您是否常会与孩子有肢体接触，比如拥抱、摸头、拍肩、牵手、倚靠、击掌等	
8.您是否会在孩子有负面情绪时耐心地陪伴（不乱问、不漠视、不嘲讽）	
9.您是否几乎每周会刻意制造只属于你们俩的"欢乐时光"	
10.您是否几乎每月会给他惊喜，送给他心仪的小礼物	

第二部分合计得分40分及以上，说明您与孩子的互动意识和互动能力均十分出色，可以尊重、接纳孩子的各种情绪，以孩子的情绪需求为中心，提供相应的支持，为孩子创造相对轻松、安全、愉悦的氛围。

第二部分合计得分25～39分，说明您能把握孩子的情绪状态，在某些情景下可以较妥善地处理孩子的情绪需求。请关注哪几项得分低于3分，改善这些项将有助于您改善亲子关系。

第二部分合计得分24分及以下，说明您需要关注孩子的情绪需求，建议您在与孩子的互动中多将重心放在孩子身上，关注、欣赏和陪伴孩子。从以上10项进行改善，将有助于您建立好的亲子关系。

看到自己的得分结果，子亦心情低落，10项内容几乎每项都在3分以下，合计得分只有20分。子亦又回顾表中的内容。

第1项赞赏孩子，子亦记得最近一次夸奖女儿至少是半年前了。这半年子亦特别忙，常出差。回到家看到悠悠脏乱的房间就心烦，再加上女儿时好时坏的脾气和动不动就抱怨不想上学的行为，这些都让子亦烦躁，好像悠悠没有什么让子亦觉得满意且值得表扬的。子亦心想："估计悠悠从我的眼中看到的是不满和挑剔。"子亦的脑海里突然浮现出一种表情。记忆中父母在她面前表露过的不满的表情。子亦的心头紧了一下："怎么会这样，我那么爱悠悠。"

第 2 项鼓励孩子，这项子亦给自己打了 1 分。子亦记得，悠悠有时没考好，或者竞选班委没成功，或想参加的活动没选上时，悠悠都会像霜打的茄子，蔫蔫的，耷拉个脑袋，肩膀蜷缩在一起。这时，她就有股莫名的怒火，心想："抗压能力这么差，失败了重新再来就好了，怎么就一副颓废逃避的样子，没出息！"子亦将这些怒火藏在心底，表面上还是会说些安慰女儿的话。

子亦是个坚强且努力的人。只要她想做的事，再难再有障碍她也会坚持下去，而且斗志高昂，好像别人越不看好她，她就越要做成，越要拼尽全力证明给那些不看好她的人看。所以在内心中，女儿悠悠挫败认输的样子让她瞧不起。此时子亦明白了，为什么有时她的安慰会让女儿发怒，也许女儿能感受到她内心中的深深的不接纳吧。"所谓无条件的爱真的存在吗？真的有妈妈可以做到孩子无论怎么样都接纳、深爱吗？"子亦疑惑着。

第 5 项聆听孩子和第 6 项谈孩子喜欢的话题，这两项子亦给自己也打了 1 分。子亦和女儿单独待在一起的时间并不多。子亦特别想抓住这样的时机，告诉女儿未来的竞争有多激烈，好的大学就是好的人生起点，现在越努力未来越轻松，人生一辈子要活出精彩，要成为有价值的大树而不是碌碌无为的小草……

子亦觉得如果不让悠悠懂得这些道理，悠悠也许就会走上歧途，从此生活艰辛又无价值，活得平庸，甚至可能无立足之地。子亦对悠悠的未来充满了焦虑，同时有一个声音不断在脑子里回荡："我的女儿不能不优秀，她必须是很出色的那一个，她成功了，我才是个好妈妈。"

前一两年子亦给女儿滔滔不绝地灌输时，悠悠通常会默默地听着，有时也会回应表示知道啦。近半年子亦一提类似的话题，女儿就起身回房间关上门不理子亦，或者玩手机做别的事回避谈话，或者大喊："你烦不烦呀！"

子亦一直不觉得自己有什么问题，而认为是悠悠的问题，认为女儿变得不思进取，变得不想走正道了。此刻她才意识到这几年的沟通多像是给女儿进行成功学的洗脑，单向输出式地让女儿离自己越来越远，让自己看不清也摸不透女儿的样子了。

再看到第7项与孩子有身体接触时，子亦的眼泪瞬间流出。至少有半年的时间，子亦和女儿没有亲昵动作。子亦很想念悠悠小时候双手绕着自己的脖子彼此亲脸的幸福场面。亲脸和拥抱的举动从上小学开始就减少了，曾经习以为常的牵手、倚靠和击掌现在都消失了。令子亦感到自责的是，她在填表打分前都没有意识到这些变化。近半年和悠悠唯一的一次身体接触居然是自己扬手打在她脸上，子亦清晰地记得悠悠脸上写满了愤怒和憎恨。怎么会这样？子亦蜷起身子，把头伏在腿上痛哭起来。

第10项送小"惊喜"，子亦几乎每次出差回来都会带些小礼物给悠悠。礼物通常是在机场或火车站买的，因为顺手，往往是选些当地的特产小吃或特色手工艺品等。以前回到家送给悠悠时，她都会很兴奋，现在她对礼物的态度很冷淡，有时礼物放在桌上几天都不见得去打开它。子亦猜测可能是女儿长大了，不喜欢这些小吃食，或者常收到礼物习惯了。但是有一天，韩岩给悠悠带回一个"手办"，子亦在此之前都不知道何为"手办"，女儿听说后兴奋地扑过去抱住爸爸，即刻打开包装。子亦也好奇是什么让女儿这么激动，打开后是一个长相奇怪的动漫人偶。子亦不经意地说："就这个呀，我还以为是什么呢。"悠悠瞥了一眼子亦说："你懂什么呀，这款是限量的。"

子亦现在反思，给悠悠买礼物好像成了她的一种责任，或者说是一种补偿。好像买了份礼物，那么出差不能陪孩子的歉疚感就少些。原来，这些礼物是买给自己的。悠悠喜欢什么，自己根本就没有花心思去了解，没有真正买到悠悠心仪的礼物。子亦又开始陷入深深的自责中，感觉自己什么都没做好，整天疲于工作，但工作的激情也逐渐消失。没精力陪孩子，与孩子的关系渐行渐远。

　　子亦犹豫着要不要接着做测评了，她预料结果也不会太好。子亦鼓起勇气开始做第三部分的内容。

请对以下所列的状态描述打分，完全符合5分，大部分符合4分，部分符合3分，大部分不符合2分，完全不符合1分。

您与青春期孩子互动状态描述（第三部分）	得分
1. 与孩子互动时您是否常有不耐烦的情绪	
2. 与孩子互动时您是否常有愤怒感	
3. 与孩子互动时您是否常会大喊大叫	
4. 与孩子互动时您是否常会否定或批判他的说法或行为	
5. 您是否常会刻意回避与孩子的沟通	
6. 您是否会记恨孩子对你犯下的错误	
7. 您是否常认为孩子故意和您做对	
8. 您是否觉得孩子的状态已给您带来很大的压力	
9. 您是否常因对孩子所说（所做）的事情而感到自责	
10. 孩子与您的互动状态，是否常让您有挫败感	

　　第三部分合计得分10分及以下，说明您对自我情绪的管理很好，清楚自己与孩子的情绪边界，不易被孩子的情绪带入而产生过度焦虑、恐慌等情绪。在与青春期孩子互动时具备了"成年人心智成熟"的状态，在与孩子的互动中更有主动权，在亲子关系上有较好的影响力。

　　第三部分合计得分11～24分，说明在多数情况下，您采用了合适的情绪回应孩子，不会因孩子的状态而情绪失控。与孩子互动时会有意识地调整自己的情绪状态以满足孩子的需求，能积极影响和改善亲子关系。

第三部分合计得分 25 分及以上，您可能因对孩子的状态进行过度解读而引发过度情绪。或您可能承受的压力过大（也许是工作、生活、夫妻、原生家庭等引发的），与青春期孩子互动或为导火索。您需要检测自己积压了哪些情绪，孩子的什么状态触碰了您的情绪按钮。分清您自己与孩子的情绪边界，将有助于您进行自我情绪管理，改善与孩子的互动模式。

子亦看到自己得了 31 分，本以为要欣喜一下，再认真看了一下对于分数的解读，瞬间泄气，果真又是一个糟糕的结果。她回看测评表，有两项让她特别有所触动。第一项是"刻意回避与孩子的沟通"。近半年子亦常常和悠悠发生冲突，没说几句音量就失控，双方都伤痕累累。这时子亦的情绪就跌入谷底，从中恢复过来有时需要好几天。子亦累了，充满了无力感。"惹不起，我还躲不起？"子亦已不期待能有快乐幸福的感受了，只要平平静静、清清淡淡、不伤心、不愤怒就好。子亦特意将自己的出差排得更满了。工作是她唯一可以躲避悠悠的方式，也是她自我安慰的理由："不是因为自己无法成为一个好妈妈，而是因为我太忙碌了。"

对事事好强、永不言败的子亦而言，承认自己无能为力是一件更痛苦的事情。有能力，好像是子亦唯一剩下的可以令自己感到骄傲和能维护自尊的筹码了，不能把它也失去了。

第二项让子亦有所触动甚至不安的是，她会记恨女儿对她说过的"狠话"，以及对她的挑衅和蔑视的言行。这些确实让子亦感到心寒，为什么女儿对自己像"仇人"？我过往那么多的付出和爱，难道女儿都不记得，不感恩吗？每当这时，子亦都会产生报复的心理。她想不再理悠悠，她也知道这是冷暴力，但就是很想让悠悠也难受一下，让女儿体会一下妈妈的痛。子亦从来没有将这种行为与"记恨"女儿联系起来。现在想来，这样的"记恨"心理又幼稚又可怜。感觉自己不是一个妈妈，而是一个和女儿同年龄的孩子，受了欺负后想针锋相对，睚眦必报。

分数解释中的一段话引起了子亦的关注："或您可能承受的压力过大（也许是工作、生活、夫妻、原生家庭等引发的），与青春期孩子互动或为导火索。"子亦反复读这句话，心想："难道和女儿悠悠的'战争'只是冰山的表面，而实际的原因并不在于母女之间？"

子亦此刻想到了与妈妈的关系。很多人想起妈妈会觉得温暖，而子亦却有种疏离的感觉。小时候的事情，有很多子亦都忘记了，只觉得妈妈很喜欢弟弟，模糊地记得妈妈看弟弟的眼神和看自己的眼神不一样。不过有一件事情子亦记得很清楚。在她五六岁的时候，有一天，爸爸好像抱着弟弟去买东西了。子亦刚和大院的小朋友玩耍结束，高兴地跑回家。妈妈坐在椅子上织着毛衣。子亦看见只有妈妈在，就亲昵地抱上去，想用脸蹭蹭妈妈的脸。妈妈一把推开她，嘲笑地说："多大了还撒娇？还以为自己小要吃奶吗？"子亦一下子愣在原地，脸上发烫，说不上是什么感受，尴尬又不情愿地松开了抱着妈妈的手，默默地走开了。然后自己去干什么了，子亦怎么也想不起来了。但从那以后，子亦再也没有撒过娇，无论对谁。子亦不仅自己不撒娇了，对那些说话嗲声嗲气的女孩或卖萌可爱的女孩，均带着一种鄙视和厌恶的眼神去审视她们。

和妈妈的关系真的会影响到与女儿的关系吗？自从有了女儿，子亦一直告诉自己要给她完全的爱，尽自己所能。但现在子亦发现，她与女儿的关系像中了魔咒一般，越来越像她与妈妈的关系了。子亦为此自责，而且有挫败感和无力感，她想放弃了："也许这就是自己的命吧，顺其自然吧。"

子亦感觉胸口被什么堵着，让她喘不上气。她决定听听公司心理学专业的 EAP 老师有什么分析和建议。子亦将她与女儿近期的关系状态和自己的测评结果告诉了 EAP 老师。

了解男孩女孩亲昵度的规律，帮助家长建立合理心理预期

给子亦进行咨询的 EAP 老师体会到了她的痛苦，温和地说道："你现在是不是有些绝望的感觉？也许下面的信息会帮你看到些希望。"

1. 0~3 岁的男孩女孩对其抚养人，特别是妈妈的亲昵度的水平相近，他们是可爱的精灵，给父母带来很多欢乐和幸福。

2. 4~9 岁，男孩热爱探索和冒险，开始减少与家人的亲昵互动，其间常破坏规矩，挑战家长的底线，男孩的家长常常心烦气躁。女孩相反，不断增加与家人的亲昵互动，很贴心和暖心，总是给父母带来些小感动，这时女儿是贴心小棉袄，养女儿的爸妈觉得自己又省心又开心。

3. 10~14 岁，男孩与家人的亲昵度没有持续下降，而是稳定中反升了一些，家长开始觉得儿子长大了，懂事了，知道心疼父母了。女孩与家人的亲昵度反而急剧下降，女儿突然像变了一个人，之前的各种暖心言行消失，取而代之的是活在自我设定中，挑战家长的底线，主动发起战争，特别是对妈妈有攻击性言行。

4. 14~20 岁，男孩与家人的亲昵度继续提升，特别是与妈妈的亲昵度，会开始体谅和照顾妈妈了。男孩的妈妈很欣慰儿子终于长大了，苦尽甘来。女孩与家人的亲昵度微微上升或是反复升降。与妈妈的关系持续一般，和爸爸的关系有明显的增强。

5. 21 岁以后，男孩与家人的亲昵度并没有像其父母期盼的那

样持续升温，他们大多稳定在一个水平。从 21 岁直至结婚，女孩子突然又变回了贴心小棉袄，增加了与家人的亲昵互动。与母亲的关系有了很大的改善，亲昵度有的甚至超过幼儿期。

听完 EAP 老师的分享，子亦心里的痛稍稍缓和了一些，这些内容的确让她又看到了希望，原来女孩子一般会有这样的成长规律，从"小天使"般的暖心，到青春期"小恶魔"般地让父母烦心，再回归到"小棉袄"似的贴心。子亦的情绪状态立刻好了许多。她曾一方面担心悠悠出现了什么心理问题，另一方面深深自责自己忙于工作，是一个很糟糕的妈妈，所以悠悠才变成这个样子。

这时 EAP 老师又说道："这是男孩和女孩在不同年龄段呈现出的亲昵度变化。大部分正常家庭的孩子都会有这样的变化规律。不同的孩子心智成熟早晚不同，时间规律也会有所不同。同时孩子的个性特质不同，其言行的外显程度也会有所不同。有一点我要特别提醒你关注，如果在孩子的青春期父母对其言行远远偏离正确的方式，孩子与家人的亲昵度不会自然变好，反倒会恶化，这也是为什么很多成年人的心理问题来源于原生家庭。所以你要放轻松一些，你和悠悠现在的关系状态是正常表现，同时，你也要关注自己的状态和与女儿互动时的言行，降低与青春期孩子的冲突程度，减少冲突频率。这对孩子成年后的心理健康很重要。具体怎么做，我们另找时间再细聊吧。"

"老师提示得对，我要放轻松一些，自责、焦虑和无力感都不能让悠悠更顺利地度过青春期。调整好自己才有可能帮到女儿，至少可以改善与女儿的关系。"子亦很认同 EAP 老师的分析和观点。应该如何开始呢？子亦又陷入沉思。

孩子小时候的依恋关系影响其成年后的人际关系

第二天,子亦收到EAP老师的邮件:"转发一篇文章,是讲小时候的安全感对一个人一生的影响的。看完后,你有什么感受或疑问可联系我。"

3岁的你会影响你的一生吗

原创:智享心悦

我们常听说3岁看大,3岁时到底能看出什么呢?按照心理学家的这种说法,至少可以从两个维度预测出成年后的样子。一个维度是预测出你与人相处的模式,另一个维度是预测出你与事相处的模式。

成年后,我们与人相处的模式很大程度上取决于小时候与家人的依恋关系。

心理学家做过这样一个实验。请3岁的孩子和他妈妈来到一个放有玩具的房间。按工作人员的安排,妈妈先看着孩子在此房间玩15分钟,随后妈妈一人离开房间5分钟,然后再回来。工作人员观察每个孩子在此期间的行为表现和情绪反应。

第1类孩子进入陌生房间会比较紧张,一直紧跟着妈妈,他的兴趣点完全不在房间里的那些玩具上面,而是时刻警惕妈妈会不会离开。在妈妈离开后,孩子会大声哭闹。在妈妈回来以后,他依旧哭,甚至哭得更凶,带着愤怒的情绪,妈妈很难把他哄好。有这种表现的孩子在依恋关系上属于依赖型。

第2类孩子进入这个游戏房间后就自己去玩玩具,或者什么也不做,会用眼睛偷偷瞄着妈妈,看她会不会离开。当妈妈离开他时,他装作没有看见,行为和表情没有太大变化。在他妈妈回来后，他依旧如同没有看见，表面上显得平静，没有任何的情绪波动，漠视妈妈的出现。这类孩子在依恋关系上属于回避型。

第3类孩子在进入这个游戏房间后，他马上会找到自己感兴趣的玩具，专注在玩具上。当他妈妈离开时，他会哭泣或者有焦虑的表现。但是妈妈回来以后，他就很快地开心起来，和妈妈有亲昵的语言表达和身体的互动。这类孩子在依恋关系上属于安全型。

在成年人的世界中是不是也可以看到这三类大人呢？如果这些孩子在成长的路上没有人进行特别的引导，他们与亲人之间的依恋关系便决定了他们的人际互动模式。

依赖型的孩子成年后会比较容易形成讨好型人格。他们很害怕被他人抛弃，或者不被接纳。与人相处时他们不由得以他人的需求为主，发生冲突时会选择委曲求全。有一些轻微自卑的心理，在内心深处认为自己并不值得他人对自己好，常常自我否定，又不断向他人求认同、要赞赏。只要能取悦他人，就会让自己觉得心里踏实。

回避型的孩子在长大以后，比较难与他人建立深度信任的关系，比较难有知心的朋友。他们会把自己的情绪深深地压抑住和隐藏起来，表面上显现出来的是理智、坚强、平和，内心却很恐惧，担心建立好的人际关系破裂会带给自己承受不了的伤痛，所以选择与人保持距离。当他们发现人际互动中有任何"负向"信息时，他们会快速选择放弃这段关系。被动接受和主动离开是他们进行自我保护的一种惯用方式。

安全型的孩子长大后比较容易信任他人，在人际互动中既可以充分地表达自己的需求，也会照顾和包容他人的需求。他们的内在自我价值感比较高，不会刻意讨好他人，也不会因他人的拒绝或批评而自我否定。他们可以主动建立一段人际关系，也可以主动放弃一段关系，这取决于他们的内心，而不会被他人的行为反应所牵引。

　　如果你从来没有关注到自己与他人互动的模式，现在回顾一下是不是有什么规律可循？如果你已觉察到自己总是重复某一类型的人际模式，现在想想是什么让你不断地重复它？

　　3岁时的我们在与最亲近的家人相处时，会因他们如何对待我们的需求、情绪、行为而形成我们的依恋类型。孩提时的我们几乎没有可以选择的能力。我们接收着原生家庭传递给我们的所有信号，自然而成。

　　成年后的我们可以选择不同的模式吗？可以！

　　我们从觉察开始，关注我们在与他人互动时，内在的声音在说些什么？条件反射般冒出的那个假设是什么，内心中恐惧的是什么，深深渴望的是什么？

　　看见自己的依恋模式，将它从潜意识区拉到意识区。不再惯性前行，不再让我们的情绪和行为模式退回到3岁的状态，让当下成年的自己来掌握，选择那个让自己喜悦的人际互动模式。

　　看见自己的模式有时会很难，每个人都有自己的盲区，就像鱼儿从不知道自己在水中游。看见自己的模式有时又很容易，比如和我们一起看看OH卡，玩玩沙盘，探索一下你的人生脚本。

　　子亦一直觉得自己对人情冷暖的关注度低是因为自己有些内向，同时又喜欢理工科男生的思维风格。读了上面的文章，子亦清晰地判断出自己是第2类。成年后的自己与他人的人际互动模式与文章中提到的第2类几乎一样。在婚姻中，在亲子关系中，她好像也是这样，如果出现点问题便快速选择回避、疏离，装出不在意这段关系的样子，原来自己深深恐惧会失去，所以才活得这么拧巴。

子亦首先想到的是不能让悠悠长大后也承受这样的痛苦。子亦回邮件咨询老师如何能提升青春期女儿的安全感，帮她建立安全型依恋关系。子亦终于收到EAP老师的邮件，她急切地浏览着。

> 上次给你推荐的《与青春期孩子互动测评表》不仅仅是用来测评的，估计你也发现了，它还可以指导需要关注孩子的哪些方面，以及如何做是合适的。给你三点建议。首先，你可以按照这张互动测评表的内容改善你曾忽视或没有关注到的部分，比如孩子最近交了什么朋友，兴趣爱好有什么变化。如果之前你了解得少，现在可以在不打扰孩子的前提下多关注一些。
>
> 其次，有些事情虽然你知道重要，但你的做法也许需要改善，比如在如何赞赏和聆听孩子等方面。这部分就需要你自己学习掌握一些技巧，多刻意练习了。
>
> 前面两点都是比较容易做到的，属于意识层面的，只要你想改善都可以做到。最后一点建议是比较难做到的，但又是极重要的，就是形成你自己的安全型依恋关系。你自己的状态好，才不会常常对孩子发怒，或者因回避与孩子沟通而产生冲突，或者记恨孩子给你带来的痛苦等。这个过程也许很漫长，也许会触碰内心深处的痛苦，不过如果你建立起安全型的依恋关系，那么你与自己、丈夫、孩子的关系均会有很大的改善。
>
> 你如果有兴趣可以先看看相关的心理学方面的内容，参加一

些心理咨询类的工作坊等，这对你了解自己、接纳自己、提升安全感都会有帮助。如果你可以和丈夫一起学习和进行咨询，会事半功倍。

另外，你也不用太过介意孩子对你的态度。青春期的孩子在尝试从心理上脱离家长成为独立的个体。在这个尝试的过程中，她在探索合适的边界，也在试探家长对她的包容度和爱的程度。越是让她在心理上建立起了安全感的人，她反而越会"攻击"，因为她相信你不会离开她或伤害她，当然这是孩子无意识的选择，就像很多大人在陌生人面前很有耐心，而对家里人就容易急躁一样。请相信你的女儿在内心深处是很爱你的。现在的状态是暂时的，你先暂时放下对亲子关系的焦虑。当你将注意力放在接纳自己、提升自我安全感上时，一切都会迎刃而解。祝好！

子亦盯着电脑发呆，脑子里想了很多，但还是乱糟糟的。她把 EAP 老师的邮件又读了一遍。脑子里有个念头更加清晰地冒出来：

"我一定要知道自己怎么了，是什么把我塑造成了现在的样子，我要让自己下半生的状态更好，让这个家的状态更好。"

练习

1. 依据《与青春期孩子互动测评表》(第一部分),了解自己与孩子的互动状态。

2. 依据《与青春期孩子互动测评表》(第二部分),关注自己得分低的项,调整与孩子的互动模式。

3. 依据《与青春期孩子互动测评表》(第三部分),记录"情绪日记",觉察与孩子的哪些互动会让自己有不舒服的情绪,同时想想这些情绪与自己小时候的哪些未被满足的渴望有关系。

4. 感知自己的"依恋关系"类型,觉察它对你的人际关系的影响。

第五章

看到了小时候的自己
——人生脚本的序幕

"我是谁"的问题不该被搁置多年

子亦在 H 集团结束了领导力成长营的第一期培训，和项目负责人交流完，松了一口气，感到了一丝疲惫。查看调成静音的手机，竟然有 6 个未接来电，是妈妈打来的。

刚拨通，电话那一端的声音立即传来："你怎么不接电话呀！也不回个信儿，急死我了！"

"妈，我在给客户培训，要静音的。"

"中间没有休息吗？不喝水、不上厕所呀？"

子亦哭笑不得，父母始终对子亦做的工作不明不白，管理咨询是做什么的，对他们似乎是个解不开的疑团。他们在工厂工作了一辈子，不理解为什么中国企业要花钱请外国公司做咨询，不理解那么多有名的公司为什么要请子亦或者比她还年轻的人去"指手画脚"，不理解子亦不去办公室而是满天飞，回到家不是对着电脑就是手机……他们知道的是：第一，子亦很忙，忙得顾不上家，显得不贤惠，他们总担心女婿迟早会甩了女儿；第二，女儿的工资水平还是不错的。

"妈，有什么急事吗？"

"你弟终于要结婚啦！他去年春节相亲认识的那个女孩，你还记得吧，交往一年也差不多了，女方也快30岁了，她父母也着急，我们两家一合计，干脆今年国庆节办了得了……"因为兴奋，妈妈的声音上升了两个音阶。

子亦仿佛看到妈妈兴高采烈的样子，她也很高兴，真是个喜讯！

"子健想好了？"

"他还能怎么想？！他同学差不多都当爹了，他不能一直跟我们过呀，还要给信家传宗接代呢。不过，我们也不想让他离我们太远，互相照顾方便嘛。我和你爸给他看好一处房，离家很近，三室一厅，以后有孩子方便。子亦呀，你也知道你弟的单位稳定是稳定，但工资不高，他又不知道攒钱，这好不容易要结婚了，你这个当姐姐的不能不管啊。现在着急付首付，你这两天把钱汇过来吧……"

妈妈的电话让子亦更加疲惫。从上大学离家，子亦便自力更生不再依靠父母，工作后每年给家里寄钱，父母想换家具或电器，想去哪里旅游，给亲戚随份子钱等，她都会尽量满足他们。她自己的需求不多也不高，不买名牌包，不喜欢逛街，花钱最多的是悠悠的教育、自己的学习。这次弟弟结婚，她当姐姐的应该出份力，可是，这种被铁环勒住脖子的感觉是怎么回事？好像这是天经地义的——她，信子亦，就应该为家里做这些事，如果不做，就不对！而子健在父母的呵护下，35岁还稚气未脱，像个孩子。

回到家，她和韩岩商量汇钱的事情。韩岩没说什么，他是个孝顺的人，不管双方父母有什么需求，他都会尽力满足，更何况是妻弟结婚买房这样的大事，出一份力也是应该的。子亦不由得舒了口气。

晚上她坐在桌前，拉开台灯，一束灯光照在桌面上，周围很安静。这个场景让她想起上学时代，她每天晚饭后便回到自己房间，关上门，伴着这样的灯光，在自己的小小世界里学习，有时偷偷看课外书、写日记。

日记，对了，那时的日记放哪里了？

翻找了一通后，在床下的一个箱子里，她找到了日记本、摘抄本、信件、贺年卡。

拿起一本日记，第一页还印着中国少年先锋队的红色印章，是小学时被评为优秀少先队员的奖品。她心想：自己那时的字好丑呀。

7月6日　星期一　晴

今天学校选同学参加舞蹈队，我被老师选上了，真开心，我喜欢跳舞！

老师让我回家和爸爸妈妈讲。但爸爸不同意，他说学跳舞没用，浪费时间。

那些可以参加舞蹈队的女生，她们的爸爸是怎么想的呢？

…………

下一本，是初中好友送的生日礼物，封面是子亦娟秀的文字。翻开看着，看到初一那年的日记。

9月3日　星期三　晴转阴

上了初中，课程多了，每天背的书包也很重。很多同学背的是双肩书包，又漂亮又省力。我也想有一个那样的双肩书包，但爸爸妈妈能同意吗？

想了两天，还是不敢提。

今天吃晚饭时，子健说他要一个双肩书包，妈妈答应了。我急忙跟着说我也想要，妈妈说买书包要花钱，一个可以，两个就太贵了。子健是男孩子，男孩子要长高个子，他从小身体不好，不能再压个子了。女孩子不需要长太高，我的旧书包还能用。

…………

5月30日　星期六　阵雨，可怕的霉气的阴天

今天写了一首诗——《天使在哭泣》

在今夜，不敢想谁在欢笑
望窗外星光点点
耳边飘过低低叹息
那是天使在哭泣

在深夜，不懂什么是欢笑
数窗外落雨滴滴
眼前浮现幻景种种
看见天使在哭泣

在黑夜，不知何时该欢笑
捡起旧时回忆篇篇

为自己心酸落泪

就像天使在哭泣

天使的心映着我的心

天使的泪包含我的泪

泪干，伏在桌上朦胧欲睡

只听得天使在低声歌唱

"你从哪里来，无人知晓，

你到哪里去，无人明了……"

…………

子亦看着年少时的心路历程，摇头笑了笑，好幼稚。
再换一本，是高中时期的日记了，第一篇是这样的：

你是谁？为什么来到这个世界？芸芸众生之中，你扮演什么角色？在茫然浑浊的大千世界，你的位置何在？当生命欢呼雀跃之时，你将赋予她多大的激情与魅力，开发她多少的智慧与潜能？若干年后，当生命面临终点，在"人生价值"的标签上，你该填写什么样的答案？也许人生最大的难题，莫过于古希腊人所说的"了解你自己"。

这是自己写的吗？子亦有点不确定了。十几岁的她，懂什么？少年不识愁滋味，为赋新词强说愁罢了。但现在，四十不惑的她，是比以前的她更清楚了还是更混沌了呢？

第二天，她看到一篇公众号文章。一部电视剧的热播引发了社会对原生家庭的关注，这篇文章在分析电视剧中主人公性格形成和她的家庭环境的关系后，推介了一个名为"人生脚本"的工作坊。这个名字吸引了子亦，她一看时间是在周末两天，刚好那个周末没有安排，便点击链接报了名。

什么是人生脚本

周末，培训教室里，有 20 多个参与者，都和子亦年纪差不多。

老师首先介绍工作坊。她说人生脚本是一个持续的人生计划，是幼年时在父母、隔代长辈、家族和周围环境的影响下形成的。一旦执行人生脚本，无论你感到在挣扎还是感到很自由，其实都是一种心理力量作用的结果。我们从一出生甚至在还未出生时就开始书写自己的人生故事，到四五岁时已确定了大致的框架，7 岁的时候，我们已经为故事填上了主要的细节。从这时一直到 12 岁，我们会为它做一些润色，增加一些内容。在青春期的时候，我们会对故事进行修改，增加一些现实中的人物。

一个人的人生脚本可能是积极的，也可能是消极的。如果要改变，需要先接受自己。接受不代表不想去改变，改变是由接受开始的。老师说，在人生脚本工作坊中，会有很多情境出现在脑海中，有的可能是以前不曾出现过的，也请大家接受。

在请每个人做自我介绍后，老师请每个人写下 4 个故事——在生命不同阶段对自己很重要的故事，可以是童话、小说、电影、话剧中的故事，可以是一直吸引自己不断回忆的故事。对每个故事的描述不超过 10 句话。4 个故事对应的年龄段分别是：

（1）5 岁之前。

（2）5～12 岁小学时期。

（3）15～18 岁青少年时期。

（4）近期。

这对子亦来说不难，她从小爱看书和电影，她马上想起小学、青少年时期的故事，近期的故事随后也想到了，但 5 岁之前的故事想了很久。在分享时，她发现其实很多人都不太记得 5 岁之前的故事，老师说这是因为与童年的自己断了联结。

子亦的 4 个故事是这样的。

（1）5 岁之前的故事：孔融让梨。

孔融四岁时与兄弟们一起吃梨，他选了其中最小的梨。父亲问他原因，他说因为自己年龄小，所以要拿最小的，大的让给哥哥。

（2）小学时期的故事：《基督山伯爵》。

年轻的船副即将升为船长并与心爱的姑娘结婚，却莫名被陷害，被无限期关入大牢不见天日。在牢中他遇到了一位老人，通过与老人对话他发现了真相。经过多年隐忍，他终于寻到机会逃出牢狱。获得宝藏财富的他，改头换面为基督山伯爵，对陷害他的人一一进行报复。坏人终被惩罚，基督山伯爵不仅有了钱，还收获了爱情。

（3）青少年时期的故事：《简·爱》。

平凡普通的女孩，经历了不幸的童年，因为好学她成为一名家庭教师。她自尊又坚强的性格、美丽丰富的内心吸引了男主角，他们相爱，准备结婚。但在得知隐藏的真相后，她选择离开。几年后，她有了财富，以平等的身份回来，男主角却不幸被烧伤，疯子前妻也被烧死，简·爱和男主角幸福地生活在一起。

（4）近期的故事：《荒野生存》。

一个名牌大学法律系的高才生，因父亲的严厉要求和过度约束而一直向往自由。后来，他放弃了所谓成功的社会生活，不带任何钱财和身份证明，一个人去流浪。在途中，他对遇到的所有人彬彬有礼，真诚地共度一段时光。他始终不放弃自己的理想——去阿拉斯加，所以路上遇到的人对他的挽留他都拒绝了。他在阿拉斯加一个人，和一把枪、一些书度过了整个冬季。当他春季想离开时，发现湖水上涨。他被困住了，而动物已迁移，他只能吃植物。由于误食了有毒的蘑菇，他不幸去世。在最后时刻，他看到了自己回到父母身边，被他们拥抱着。

老师让大家3个人一组分享彼此的故事，彼此发掘故事的共同主题和演变。

经过小组分享，子亦发现她在解读这4个故事时都体会到了一些共同因素，比如坚强、隐忍、经历挫折，同时子亦也觉得最终主人公都获得了自己想要的。这是她的人生脚本中的主题词，而她的确也一直处于这样的模式中。4个故事的演变是：由接受社会道德标准或成功标准，向挑战标准、实现内心目标和获得自由转变。

同组的一个成员还向她反馈了自己所观察到的：子亦的故事中有"除非"这个模式存在，故事的主人公都是要经历痛苦的历程、艰难的选择才能获得想要的，即"除非"完成了令人不快的事，否则自己是无法享乐的；这个模式会反复出现，即使获得了成功，还会再次制造困难，让自己经历痛苦，再获得下一个成功。这个反馈，给了子亦冲击，她很感恩收到这份礼物。

老师总结说前3个故事体现了成长的重要阶段，最后一个故事体现了与当下接近的状态。4个故事可以帮助自己看到人生脚本在如何变化，大家可以回去进一步做自我反思。

当天老师讲述了人生脚本的理论和案例。

下午快结束时，老师请大家尝试冥想——想象你出生时，人们在说什么？在你的成长过程中，父母限制了你的什么自由？你现在又做着什么限制了自己的自由？

老师强调每个人冥想的效果不同，要调整呼吸，放松身体，放空大脑。

子亦闭上眼，在老师的引导下沉静下来，之后她脑海中出现了一系列画面——

40年前的某一天，一声啼哭在一间砖瓦房里响起，经历过痛苦生产极度疲惫的女人用虚弱的声音问丈夫："是男孩吗？"男人犹豫了一下，说："是，你睡会儿吧。"女人不信，坚持要抱过来给她看看，男人没办法，抱给她。她看到婴儿时目光失了神，喃喃地说："怎么是女孩呢，谁看我的肚子都说是男孩呀……"男人安慰她："你刚生完孩子，身体弱，别想那么多了。我们会有男孩的。这孩子的名字我想好了，就叫信子亦吧，希望带来一个儿子。"

…………

35年前的某一天，5岁的子亦第一次见到了一个小小的宝宝。妈妈满脸喜悦、无限温柔地抱着小宝宝，爸爸对她说："子亦，这是你的弟弟子健，以后你是姐姐了，是大孩子了，你要照顾好弟弟，好东西让给弟弟，知道吗？"

…………

32年前，8岁的子亦拎着刚刚换的牛奶，挤在大人堆里，站在幼儿园门口等着开门。门开了，子亦走进小班教室，找到子健，手拉手把他领回家。一边哄子健玩，一边看着妈妈留下的纸条准备晚饭。子健像小跟屁虫一样在她身后转来转去。她一转身碰到了他，他没站稳，摔倒在地上，摔疼了胳膊。妈妈下班回来后训了一通子亦。

…………

30年前，家里来的客人坐满了一桌，子亦在厨房帮忙了一上午，在端菜到餐桌的过程中，没看到脚下的啤酒瓶，哗啦一声，啤酒瓶倒了，碎了。爸爸觉得很丢人，大声斥责："怎么回事？！这点事都做不好！"子亦忍着脚被玻璃划破的痛，不说话，没有吃饭，回到自己的小屋里贴上创可贴。

....

25年前，子亦生日，妈妈从单位食堂买了一饭盒的包子，拿回家给子亦过生日。爸妈说子亦从小爱吃包子，所以包子一直是子亦的生日餐。子亦好想有个生日蛋糕，可以吹蜡烛许愿的，但她不敢提，反正弟弟生日时会吃到的。

....

22年前，子亦要报考外省大学，父母希望子亦上个中专，说女孩子找个稳当工作就行了，早点上班早点补贴家里，子健上学还要用钱。子亦对父母立誓："你们放心，我会边上学边打工挣学费和生活费的！"

....

15年前，子亦带韩岩回家见父母，爸妈见韩岩忠厚老实的样子，也没多说什么："人好就行，你一个女孩子，也不要太挑剔了，趁年轻结婚，早点要个孩子……"子健说："姐，你不爱说话，脾气又倔，看他也不爱说话，你们俩这性格能不能过到一块去呀？"

....

10年前，女儿韩悠悠出生，子亦的公婆来北京照顾她母女。产假期间子亦每天不仅要面对无论白天晚上平均2小时哭闹一场的婴儿，还要客气地面对公婆，接受不合口味的饭菜和不符合现代理念的育儿方法。韩岩白天上班，晚上回家也累了，仅有的精力分给了公婆和女儿之后，便不再有更多心思听子亦倾诉，甚至有时会表现出不耐烦。于是，子亦得产后抑郁症了，晚上流着眼泪给妈妈打电话，想带着女儿回家住，妈妈说："你以为当妈容易呀，女人当妈以后就没有自己了，要为孩子活了。都这样，忍忍就过去了啊。你要是折腾闹离婚，我们的脸往哪儿搁呀……"

....

冥想结束后，睁开眼睛的同时，眼泪像没有遮拦一样涌了出来。冥想中出生时的情节是爸爸有一次开玩笑似的提到过的，她当时好像是听了别人的趣事，并没有往心里去。今天如电影一样呈现出来，她完整地看到了，仿佛看到了过去的自己。

前半生，不自知的人生故事

工作坊第二天，老师讲到人生脚本的形成基于儿童在与父母的早期互动中收到的信息，即脚本信息。脚本信息中会存在应该信息、禁止信息、许可信息，其中禁止信息是消极的、限制性的，通常是在童年早期还没有掌握语言之前就获得的，父母会以非语言的方式无意识地传达给孩子，之后也可能用语言的方式强化。反复出现的有12种禁止信息，它们是：

不要活

不要做自己（有时是不要按自己的性别来生活）

不要像个孩子（或不要享受）

不要长大（或不要离开我）

不要成功（或不要实现目标）

不要亲近

不要重要

不要有归属感

不要做（不要做任何事）

不要健康

不要思考

不要感觉

儿童会对收到脚本信息做出自己的回应，即做出关于"我是谁""其他人是谁"以及"自己最终会怎样"的决定。这个决定就构成了人生脚本的"核心"。

人生脚本分为赢家脚本、非赢家脚本（或称输家脚本）、中庸脚本，其中输家脚本来自禁止信息。

在老师的一一讲解下，子亦发现自己身上竟然存在好几项禁止信息。

不要做自己：当父母想生一个男孩却生了一个女孩，或者情况相反的时候，这个禁止信息就会出现。他们传递给孩子的是"我们不喜欢你的性别，你不要成为这个性别"，更广泛的含义是不要做自己。有这样禁止信息的孩子，会没有安全感，感觉自己不被接受。

不要像个孩子：往往家里的长子或者独子会给自己这条禁止信息。父母会希望孩子尽快长大，去承担大人应该承担的责任。有这条禁止信息的孩子，不会享乐和休息，在派对和其他类似的趣味情境中很放不开，享受乐趣时会觉得内疚，会一直工作或做事情。

不要亲近：父母与孩子之间很少发生肢体亲近，很少相互倾诉自己的感受，父母会暗示孩子不要与他人亲近，包括肢体与情感上的亲近。另外，可能还有不要相信他人。有不要亲近类的禁止信息的孩子会无法与他人建立亲近的一对一关系。常常怀疑身边的人，即使身边的人温暖地接受了他，他也会刻意去寻找被拒绝的迹象。

不要感觉：压抑自身感受的父母，会给孩子传递不要感觉的信息。有时在一个家庭里不允许表现出任何情绪。但在大多数情况下，一个家庭会不让表现出特定的情绪，其他情绪是可以表现出来的。不要感觉，也可以说成是不要愤怒，或者不要害怕、不要哭泣。有这条禁止信息的人，长大后会压抑自己的情感。

原来，子亦在写情绪日记时描述不出感受是因为长期压抑了内在感受的部分，所以她一直看似坚强、平静、沉稳，其实是戴着一副坚硬的壳；原来她一直努力学习、努力工作，不让自己闲下来，很难享受放松，是因为她从5岁开始就不能当孩子了，要去承担照顾弟弟的责任；原来她总想被别人接受，自我价值感低，是因为父母希望她不是"她"，而是"他"；原来她心里爱着爱人、家人、朋友，却总无法与他们真正亲密，如同中间隔着一层纸，是因为她的成长环境不允许亲近。

"每个孩子都是天使，被父母亲吻后变成了青蛙。"子亦听到这句话，起了一身鸡皮疙瘩。

她传给了自己的女儿什么样的脚本信息呢？自己的禁止信息有没有传给她呢？

老师接下来介绍了几种典型的人生脚本模式。子亦对照后发现自己属于强迫型——负责任的工作狂。这种模式的孩子认为只有尽全力做个好孩子，父母才会爱自己；同时，他们担心自己没能力做好，或者会因为有不好的想法而感到内疚。成人后，他们如果不工作就会感到焦虑，可能经常同时进行好几个项目，使自己承担过多工作。他们认为自己不应该享乐，除非他们完成了所有需要做的事。强迫型是有责任心和可靠的。他们是优秀的工作者和管理者，但在努力寻求爱的时候会受到挫折。

是的，子亦这么多年一直在自我要求追逐完美，挺直腰板，不停地学习与工作，不让自己闲下来，无非就是为了向父母和他人努力证明——

"请看到我的努力，请认可我，我是一个好孩子！"而在生活中，她却是那么被动、无措，柔弱的内心不知如何表达，反而让别人觉得她有些不好接近。

两天的工作坊，让子亦第一次回顾了自己的前半生。以前她在想不通的时候，会用"命运"来搪塞自己。现在她知道了，自己的人生脚本在很多年前就由父母和幼小的自己编写好了，如果不自知的话，会一直延续下去，并传给自己的下一代。

对父母而言，他们在自己传承的人生脚本里一定认为本该如此，他们用他们认为最好的、最对的方式对待孩子。

对孩子而言，从小时候无限依赖父母，到成长过程中的质疑、脱离父母，再到成熟之后理解父母，不论是否立志"我长大后一定要成为父母这样的人"或"我长大后一定不要成为父母这样的人"，他都很难避免的是——在自己身上有父母的影子。可能从小受父母打骂批评的人，发誓不会对自己的孩子如此，但有了自己的孩子后会控制不住地情景再现；从小受到父母控制的人，长大后会不自觉地控制别人……

子亦很感恩参与了这场工作坊。所以当主持人提到以后将继续开展改变人生脚本的工作坊时，她积极地报了名。她想改变，她要改变！为了自己的后半生，也为了女儿悠悠。

练习

人生脚本是一个持续的人生计划，是幼年时在父母、隔代长辈、家族和周围环境的影响下形成的。一旦执行人生脚本，无论你感到在挣扎还是感到很自由，其实都是一种心理力量作用的结果。通常人在四五岁时已确定了大致的框架。一个人的人生脚本可能是积极的，也可能是消极的。如果要改变，需要先接受自己，改变是由接受开始的。请用以下方式发现自己的人生脚本（本章聚焦于发现人生脚本，如何改变、优化脚本将于后面章节介绍）。

1. 回忆在自己生命不同阶段（5岁之前、5～12岁小学时期、15～18岁青少年时期、近期）对个人很重要的4个故事，不是自己的故事，而是听到或看到的故事，用不超过10句话描述每个故事。自己思考或与人分享，探索这4个故事存在的共性和演变，分析哪些是积极的，哪些是消极的。

2. 罗列出家族中祖父母、外祖父母、父母、兄弟姐妹、自己与伴侣、自己与孩子之间是怎样的关系？是否在重复着什么？

3. 在12种禁止信息中发现自己的禁止信息。儿童时期的经历需要向父母或上一辈了解。

不要活

不要做自己（有时是不要按自己的性别来生活）

不要像个孩子（或不要享受）

不要长大（或不要离开我）

不要成功（或不要实现目标）

不要亲近

不要重要

不要有归属感

不要做（不要做任何事）

不要健康

不要思考

不要感觉

注：本章人生脚本来自艾瑞克·伯恩（Eric Berne）所著《人生脚本：说完"你好"，说什么》、范恩·琼斯和艾恩·斯图尔特（Vann Joines & Ian Stewart）所著《人格适应》。

第六章

反复出现的怪梦
—— 梦是潜意识的使者，它在说什么

梦是神经衰弱？是预兆？还是别的什么

　　一条不宽不窄的街道，左侧有一幢破旧楼房，右侧是一排平房。信子亦向前走去，在街道尽头的左边有个废旧的四合院。她恐惧地走向这座院子，听说那里有一个会吃人的疯子。

　　走近时，发现四合院的旁边新开了一个旅馆，也是破破旧旧的，好像还有不少客人前来询问、住店，旅馆的老板和店员却都是一副凶巴巴的模样。子亦担心入住的客人会被疯子吃掉。

　　她害怕了，急忙转头往回走。走到旧楼房边上时，遇到了几个同事。她们很开心，没有一点恐惧和紧张。她们给子亦展示新买的两个同款手提包，一个是鲜红色的，一个是玫瑰红色的。子亦想起自己也有一个同款手提包，不过是深蓝色的。子亦很喜欢她们手提包的颜色，很有活力，很喜庆，但她又觉得它们的颜色与自己的年龄和身份不相符。

不知为什么她又走向了那条街道的尽头。这次她看到那个破旧四合院对面还有一个餐厅，餐厅门口有一个大妈在热情地招呼着客人。大妈身形有点儿彪悍，看到她，子亦不再感到那么恐惧了，她让子亦感到温暖、很有力量。

大妈好像知道子亦害怕那个四合院，让子亦跟着她进去看看，子亦莫名其妙地就跟着她走进了四合院。其实里面是整整齐齐、干干净净的。屋内有位看上去40多岁的男士躺在床上。他便是传说中的那个会吃人的疯子，但他看上去很安静，只是缺乏生机，像是生病了。他见有人进来也没有言语，继续安静地躺着。在他床边的凳子上放着一个碗，装着鲜红的东西。子亦走近一看，好像是块血豆腐，一半凝固了，一半呈黏稠状，又有点儿像山楂糕……突然，疯子睁开眼，看着她。

子亦浑身一抖，吓得不能呼吸。

啊……

睁开眼，原来是个梦。

又是这个恐怖的梦——吃人的疯子、胖大妈、四合院。

但又有些不同，今天在梦里遇到了同事和她们买的包。

信子亦多年形成的理性思维让她对没有逻辑的梦并不感兴趣。以前很少做梦或醒来便不记得了，这两年梦多了，有些场景醒后还记得。她以为是白天用脑过度、晚上大脑没休息好的原因。为了睡好、少做梦，她还尝试过睡前喝杯红酒、听听舒缓的冥想音乐之类的助眠方法，都不见效。

这个梦有什么寓意或者预兆吗？

中午休息时，她习惯性地打开笔记本电脑，搜索"梦到吃人的疯子是什么意思"，百度搜索出来的只有"梦到疯子"，她打开网页看起来。

疯子活在自己的世界里，不受外界环境的干扰，象征着人不会迷失自己，是一种好运。梦见疯子通常预示你将有好运气。未婚女子梦见疯子，预示你将嫁给富有的男人，婚姻如意，爱情幸福。富人梦见疯子，仆人愿意为自己赴汤蹈火，这是因为自己在家里敞开内心愿意和别人分享苦乐。——周公解梦

再打开一个网页，也是周公解梦。

得此梦者五行属火，乃是你近期做事圆滑，却过于在意他人之感受，对生活造成不利；若无个人想法，则于生活不利。夏天梦之吉利，冬天梦之不吉利。梦到疯子本是与常人不同之表现，乃是你在事业中有与他人纠葛之事，却难以听从个人的真心进行抉择，对生活造成不利，应懂得坚守本心。得此梦者中，从事与教育、医疗等相关行业者多被他人利用，对生活不利，此乃不吉之兆。事业发展不顺之人，得此梦则烦恼颇多，对生活也不利。单身女人梦到疯子，事业发展不利，与他人纠缠多，对生活不利。在外求财者应看清他人真实目的。成事之人，应有自强不息之决断，也应有容人之度量。得此梦从事销售等相关职业者烦恼颇多，求财不利乃因与他人有竞争关系。

都是周公解梦，怎么说法不一致？让人看着不知该信哪个。

她又打开一个网页，里面提到了一些场景，比如梦到与疯子争吵，与疯子抢东西，被疯子追赶，疯子笑了，疯子把朋友抓走，疯子胡言乱语……但都没有子亦梦到的场景——疯子什么也没干，只是安静地躺着。

网页下方列出解梦师的建议。

幸运的你，被好运气包围着，成为大家羡慕的对象，千万不要因此而飘飘然。你的幸运源于你父母给予你的关爱和呵护，他们从来没有强迫你去做自己不喜欢的事情，一直很尊重你的选择，你要懂得感恩，孝顺父母，多抽些时间去陪陪父母。有时也要食一些人间烟火，接一接地气，参与一些社会实践，体验一下人间疾苦。

子亦哑然失笑，这都是什么跟什么呀！看来这个方法不行，她合上了笔记本电脑。

她又想到查找书籍。在手机里的听书 App 搜索梦，跳出一本《梦的解析》，作者是大名鼎鼎的弗洛伊德。在书里，弗洛伊德也对从古到今的梦的理论进行了一番罗列，并把它们大致归纳成了两类。第一类认为梦是来自神灵之类超自然力量的启示，可以通过梦来预卜未来的福祸吉凶。周公解梦就是用这种思路解梦的典型。比如梦见发洪水表示要发财，梦见着火说明要交好运。总之，这类理论认为梦有意义，但是这种意义是超自然的。而第二类理论，主要是在近代科学发展以后出现的，这类理论否认梦有超自然的来源，而是把梦当作一种大脑的生理活动来进行研究，认为梦谈不上有意义，只是还没有完全沉睡的大脑对外界刺激的一种反应。比如有人在梦里听见教堂的钟声，醒过来发现是闹铃响了。还有人梦见从墙上摔下来，醒来后发现其实是自己从床上掉下来了。

弗洛伊德秉持一种比较理性和科学的态度，不把梦看成什么神秘的超自然启示，但是他也不认同自己所处时代对梦的主流看法，也就是梦没意义的看法。他认为梦作为一种心理活动，是有意义的。梦的本质，就是欲望的满足。

欲望的满足？我这个梦有什么欲望吗？

子亦皱了皱眉，感觉这个课题比写个方案要难多了。

她突然想到一个人——她的闺蜜李雪。高中三年她们几乎形影不离。李雪上大学时学的是心理学，之后出国求学攻读硕士和博士时研究的也都是心理学。李雪毕业后没过几年就在国外开设了自己的心理咨询室。虽然她俩都很忙碌，平时联系不多，好几年没有见面了，但心里都很确定那份友情一点也没减。

既然梦是一种心理活动，李雪这个心理学博士应该很在行。可为了一个梦而占用这个大忙人的时间好像没那个必要，有机会再顺便问问她吧。子亦心想，随后将这个梦抛到了一边。

梦是潜意识的特殊表达

过了几天，难得不用加班，子亦请项目组的顾问们吃晚饭。他们在酒店附近的购物中心里找了一家餐厅。

顾问们平日工作紧张严肃，在客户面前职业化、精英范十足，脱下职业装，私底下不乏有趣活泼、高智商的"抖包袱"。子亦喜欢做咨询的原因之一，也是这份工作有相对简单纯粹的人际关系，一个项目组有共同的目标、共同的挑战与压力、清晰的分工和协作、高效率地用专业知识解决问题，没必要也没时间钩心斗角。每个项目大家至少在一起工作数月，即使之前不熟悉的顾问，合作过一个项目之后也会亲切熟络很多。

席间同事们提到 Chuck，听说他要调整团队的组织结构，搞得人心惶惶。他们问子亦："你知道现在的情况吗？要怎么调？为什么要调？"

"我也不太清楚，咱们的组织结构不是经常调吗？不用太担心，不论怎么变，我们都是一样做项目。"

一个不在子亦团队的顾问说："可是我老板和 Chuck 不合，我老板说这次调整估计对自己不利，Chuck 要逼我老板辞职。"

另一个顾问说："我认识 Chuck 的助理，她说 Chuck 会马上公布，并且会将团队的所有汇报关系重新分配，看来是想安排他自己的人吧。"

"啊！那我们的汇报关系都可能要变了？不征求个人意见呀！从来没这样操作过！"

气氛变得凝重起来。

子亦刻意换了话题，问大家周末是否有时间去周边著名的旅游景点开展团队建设，大家热烈讨论起来。

吃完饭，两个女顾问拉着子亦逛商场，男顾问们便先回酒店了。

经过一家皮包店时，两个女顾问被橱窗中的一个红色的皮包吸引了。她们走进店内，让导购小姐拿来包细看，又背上照镜子。"这款包还有什么其他颜色的？"一个女顾问问导购。导购又拿来一个粉色、一个蓝色的同款包。"粉色也不错哦。"女顾问边看边说，"子亦姐，你觉得怎么样？"

子亦觉得红色和粉色的包都很好看，和这两个年轻女孩子很搭，青春活泼，但她又觉得不适合上班时用，颜色不沉稳。因为每天要带笔记本电脑，她更喜欢双肩背包，所以皮包很少，Tumi 的背包倒是有几个，不是黑色的便是深蓝色的。

这个场景似乎很熟悉，在哪里出现过……

突然，她想起了自己的那个梦。

回到房间，子亦算了一下时差，这个时间李雪那边应该是早晨，不知她是否方便。她发了条微信过去："雪儿，最近一切都好吗？我做了个奇怪的梦，想了解该如何解释，请李博士有空时给我讲讲好吗？"

雪儿的信息很快来了："Dear，我都好。你怎么突然对梦感兴趣了，哈哈。今天上午预约的客户临时取消了，我现在正好有时间。"

"太好了！我现在给你打电话。"

雪儿回复了一个 OK 的手势。

子亦开心地拨打语音过去，雪儿很快接通了。两个人先是亲切地互相问候，简单聊了聊生活上的事，之后雪儿主动把话题转到梦上："给我讲讲你的梦吧。"

子亦把梦描述了一遍，讲完不由得提出她的疑问："梦究竟是什么？应该关注吗？"

雪儿认真地解释道："梦是潜意识在和我们对话。我们应该关注它，因为梦是大多数人可以了解自己潜意识的最便捷的途径。"

"我们为什么要了解潜意识呢？"子亦问，她听说过潜意识，但觉得有些玄虚，感觉不到，平时工作中也用不上。

"你知道冰山模型吧？"

"当然知道，我们在给企业做人才发展项目、能力模型、全面培养时都会用到。冰山在水面以上的部分是知识技能，冰山在水面以下的部分最大，是特质、价值观、信念、角色认知等这些看不到的东西，但它们会直接影响冰山在水面以上的部分。"

"对，人类的意识也符合冰山模型，只有 3%～5% 是表层意识，是我们能感受到的。但 95%～97% 都是深层意识即潜意识。意识正是从潜意识中分化而来的，潜意识是一个创造性的源泉，提供的原始内容使得意识得以发展、成熟，我们所有的潜在品质也因此得到发展。意识和潜意识的统一使人可以成为一个完整的人，意味着这个人无论在智力上还是在情感上，无论在生活中还是在工作中，都能够尽己所能，得偿所愿。所以一个人越是能够直面潜意识，将潜意识内容与意识内容相整合，这个人就越是能够成为一个完整的人。就像修行一样，这也是每个人持续一生的任务。"

"你这么说,我就明白了,原来潜意识这么重要。但为什么要通过梦的方式呈现呢?"

"因为当我们醒着的时候,自我防御机制在紧密地运转着,我们的潜意识就被自我防御机制给防御掉了。而在我们睡着时,身体处于完全放松的状态,自我防御机制也会放松,这个时候,潜意识中的内容就有机会呈现出来了。"

"哦,是这样呀,有意思。可是,有人不做梦,还会被认为睡眠质量很好。"

"基本上每个人都会做梦。有一些说自己不做梦的人,实际上可能只是不记得自己的梦而已。如果关注梦,就会发现其实是有梦的。"

"可是梦大多都是奇奇怪怪的,无法被理解,怎么能知道潜意识在说什么呢?"

"哈哈,梦的内容不能太直接,一定要使用各种复杂的手法来表达,因为太直接的话,就可能惊醒自我防御机制。梦是一种意象化的语言,读懂这种语言需要一些方法。你刚才说这个梦经常出现是吗?"

"嗯,是的。梦到过几次了,但每次会有些不同。"

"那更要关注了,反复出现的梦一定是有意义的,它可能象征着某种没有解开的情结,或者是没有处理好的创伤。常常出现而又有所不同的梦被称为系列梦,当梦境发生变化时,意味着你的心灵也在发生变化。"

如何解读梦的语言

子亦还在思考着,她感觉信息量有点大,心里有无数个问号。

"我们可以一起来看看你的梦在说什么。"雪儿说,"每个人都是自己最佳的解梦者。不仅因为每个人都是自己现象场的权威,还因为真正的解梦，意味着你的思维、身体和情绪三者在自由活动，这一点，只能由你自己完成。虽然某些事物具有典型的象征含义，比如梦到蛇会让人害怕，它带来死亡和毒害，可能代表着吞没和攻击性，也可能代表女性的妩媚，还可能是罪恶的智慧。所以事物都有双面性或多面性，有经验的心理咨询师在分析梦时也不能轻易判断。"

"好，知道了。我们怎么开始呢？"

"释梦有几种方法。最早的是弗洛伊德的方法——自由联想，对梦里的内容按顺序问自己，从这个信息让我想到什么，又想到什么，还想到什么，等等。后来荣格认为这种方法常常脱离了梦本身，所以他开创了积极想象和扩充分析的方法。我个人比较认可荣格的方法。"

子亦不自觉地摸摸头，说："我也不懂，听你的。"

雪儿认真地解释道：

"还是要跟你讲一讲。你平时经常思考，很讲逻辑，如果不明白可能会觉得过于玄乎。

"积极想象被形容为'一种睁着眼睛做梦的过程'。

"有个很有名的故事，叫求雨者的故事。讲的是中国古代农村，有一年遇到一场非常严重的干旱，于是老百姓们找来了一位巫师求雨。巫师来之后看到大家很急躁，混乱不安，远离了自然之道，他让大家给他三天时间，让他住在一个茅草屋里不要打扰他。第四天果然下雨了。大家感谢他时，他说他没做什么，只是在这三天让自己安静下来，回归自然之道，雨自然会来。

"积极想象也是同样的道理。当你面对潜意识的信息时，首先要停止思考和判断，因为一旦用脑思考，便是在用意识，也就屏蔽了潜意识。所以不要去问为什么，不要思考和判断，让头脑和身体放松、安静下来，待在梦里，只要关注它、接纳它、看着它、跟随它就好了。一旦做到这些，梦就会被激活、唤醒，你就可以和梦中的人物对话交流，知道梦想对你说什么。"

子亦这次听明白了，虽然她不确定自己是否可以做到，她确实太习惯于思考和判断了，不过她上次在人生脚本工作坊中做冥想时仿佛开了窍，也知道了放空的奇妙。

"OK，现在你要让身体放松下来，可以躺着或靠在沙发上，闭上眼……"雪儿的语调渐渐沉静下来，语速也变得缓慢。

子亦乖乖地斜靠在沙发上，闭上眼，让全身放松下来。

雪儿温和的声音传入耳中："现在我们回到梦里，用心体验并感受你的梦。你看到了什么？"

子亦描述了梦开始的场景，雪儿问到一些细节，包括环境、颜色、温度、气味、她的情绪和身体的反应，子亦觉得这个梦更清晰了，她就在梦中。

当梦演进到遇见大妈时，雪儿问她："这个大妈给你什么感觉？"

"她很热情也很勇敢，让我感觉到很温暖、很安全，我可以很放心地跟着她。"

"那么，现在请你把自己想象成这个大妈，体验一下，你有什么感觉？"

"……"子亦尝试让自己变成大妈，站在餐厅门口招呼客人，这是她从来没有想象过的，倒也没有什么困难，她觉得自己变成了另外一个人，她喜欢这种感觉，"感觉很痛快，身上有劲，喜欢和人交流，愿意帮助、照顾别人……"

"这时你看到一个女生走过来，她好像很害怕那个疯子，你想对她说什么？"雪儿继续问。

"我想对她说：'别怕，疯子不可怕，有我保护你。'"

"好，现在，你变回自己，有什么不同的感受吗？"

"我觉得好像多了一些力量。"

"在这个感觉中停留一会儿，记住这种感觉……接下来发生了什么？"

"我跟着大妈走进四合院去看疯子。"子亦还是不禁有些紧张。

"你看到了什么？"

子亦描述了一番。院子里很整齐干净，一个40多岁的男人躺在床上，很安静，好像生病了，床边的凳子上放着一碗鲜红的半凝固的东西。

"你看到这碗鲜红的东西，有什么感受？"

"有些害怕，怕是血，又有些好奇，想知道是什么。"

"你想走近看看是什么吗？"

"嗯……现在想去看看。"

"那去吧！"雪儿鼓励她。

子亦想象慢慢走近床边，她看到那个碗，碗里的东西还是看不出来是什么。

雪儿说："没关系，现在你再想象自己是那个疯子，你现在躺在床上，有什么感受？"

子亦这回用了更长的时间去感受，渐渐地，她开始感觉到悲伤无力。奇怪，这个疯子为什么这么脆弱、难过？她把这种感受告诉雪儿。雪儿问："你能感觉到他想说什么吗？"

"他想说我并不会吃人，我也不疯，我只是病了。我怕别人欺负、伤害我，所以我要显得很强大，让别人害怕，但我伪装得很辛苦，在掏空自己，所以我就更虚弱，更没有生命力……"

"他想怎么样？"

"……他想活！他想正常地活，不伪装地活！"

"你现在还害怕他吗？"

"不害怕了，我同情他，想帮助他。"

"好的，那再记住这个感觉，在这个感觉中停留一会儿。"

…………

一分钟后，雪儿问："我们继续。接下来，你的梦里发生了什么？"

子亦虽然闭着眼，但她神奇地看到梦的场景发生了变化："我把那个碗端起来，喂给他喝。那是他的药。他喝完后好多了，恢复了一些力气……"

"还有吗？"

"他对我说谢谢，说他会好好活的。"

"大妈还在吗？"

"大妈……不在了。"

"你现在有什么感觉？"

"感觉挺好的。我走出去了。街道宽敞明亮。我不害怕了，很平静。"

"好，再在这个感觉里停留一下，记住它……现在，你可以睁开眼了。"

子亦睁开双眼，依然平静，同时增加了一些欣喜，但还是有些疑问。

雪儿似乎很明白她的心境，主动说："刚才是用积极想象的方法去理解梦，梦的思维方式和积极想象比较接近，所以对于梦的理解和梦境中发生的变化并不用觉得奇怪。我再从我的角度给你一些反馈，属于我个人的判断，所以可能对也可能不对，你要自己评估。"

子亦说好，她很想听听雪儿的专业判断。

"梦到的同性别的人通常是自己的阴影。所谓阴影，是指为迎合外界期望而刻意压抑的部分，也是我们未充分发展的功能和个人潜意识的内容。大妈可能就是你的阴影，她不优雅，市井气十足，但开朗、热情、真实，你在潜意识中渴望活出像她的那部分，那部分会带给你安全感。在梦里，你开始时跟着她，最后，本来是跟着她出去的，但今天她消失了，和你合为一体了，可能是你的潜意识呈现为意识，所以不再需要她了。

"疯子是你恐惧的原因，但你梦中的其他人都不害怕他，只有你害怕他，所以让你恐惧的人可能并不存在。在你的梦里，男性会让你恐惧，让你产生敌意，而女性不会，这点也可以关注一下。

"碗里红色的东西是个象征。红色通常代表生命力，它是药或是营养，说明你需要更强的生命力，需要滋养。你在以前的梦里没有碰它，刚才你把它喂给了疯子，你赋予了他生命的能量。"

子亦陷入沉思，雪儿的说法给她很大启发，但她需要消化一下。她同时想到另一个问题："梦里的同事和包呢？代表什么？"

"这部分更接近日常生活，可能跟你最近接触的事有关。这几天在工作上有什么事吗？"

"最近工作上不太顺心，但和同事无关，主要是老板。可能我觉得和同事相处很开心、轻松，但想回避和老板的接触吧。"

"嗯，也可能你希望像同事那样轻松自在。包的颜色挺有意思，同事选的红色、玫瑰红色是你喜欢的，说明你内在渴望活得更鲜活、更多姿多彩，但现实的你被外界限制，隐藏、压抑了这部分需求。"

子亦不自觉地点头，心想雪儿太厉害了。

雪儿见子亦不再提问题了，便继续说："刚才在梦中有三个定格的画面和感觉，还记得吗？"

"记得，第一个是大妈的画面和安心有力量的感觉；第二个是不再害怕疯子；第三个是走在街道上很平静。"

"对，尤其是最后一个画面和感觉，最好写下来或画下来，可以经常重温一下。你会发现，你的现实可能也会发生一些变化。如果再梦到，梦也会发生变化。"

"好！"子亦说，感觉轻松了不少，声音也轻快了，"亲爱的，太感谢你了！我还需要做什么吗？"

"哈哈，咱俩谁跟谁呀，别客气，等我回国请我吃大餐就行了。"

"你什么时候回来呀？"

"最近要回去一趟，到时告诉你。"

"太好了！等你啊，好几年没见面了！到时叫上莉莉，一起好好聚一下！"

"没问题！你这段时间有梦的话可以记录下来，等我回去再聊聊。"

"好呀好呀，我今天肯定能睡个好觉，做个好梦了。"子亦嘴角上扬，真心欢喜。

结束通话，子亦起身站在窗前看外面的夜景。现代建筑群的灯光层层叠叠地闪烁着，街道上路灯点点。子亦依然沉浸在梦最后的平静和欣喜中，原来困扰自己的噩梦就这样被解开了。

她坐在写字桌前，打开台灯，拿出自己的本子，将最后的场景画了下来。

"潜意识，你好，初次见面，以后请多关照。"子亦看着画自言自语。

然后，她习惯性地在画下面写下总结。

1. 阴影——活出自己的自信、勇敢、真实、热情、朝气。
2. 恐惧——寻找自己恐惧的是什么？思考对异性的敌意。
3. 红色和玫瑰色——生命力，给予别人，也要给予自己。在工作和生活中更鲜活、多姿多彩、轻松自在。

练 习

  1.梦是通向潜意识的捷径。在我们睡觉的时候，我们的大脑依旧活跃地、不断地进行信息处理，于是便形成了梦境。虽然有的梦我们觉得荒诞离奇，但它可能传递着对我们很有启示的寓意。分析梦可以帮助我们了解潜意识在传递的信息。你会发现那是宝贵的礼物。请用以下方法记录你的梦。

  在床边放一个笔记本或手机，早上醒来后身体保持不动，重温一遍梦境，之后记在笔记本上，或对手机讲述并录音。

  2.尝试用"自由联想"的方法感受你的梦。对梦的内容按时间顺序进行自由联想，并对其进行解释。对于梦的内容，由梦者或者解梦的分析师协助选择印象最深刻、最清晰、感受最强烈的成分加以联想和分析。联想的过程就是自然而然地问自己：从这个信息，我想到什么？又想到什么？还想到什么？它们之间的联系是什么？然后抛开梦的显像的部分，直接询问自己或者他人：过去是否发生了跟梦的内容相关联的事情？

  3.尝试用"积极想象"的方法感受你的梦。积极想象是直接获取无意识的技术。把梦体验为完全真实的，以梦中的意象为重点，从意象中获得生动的意义。让意识与潜意识合作，让潜意识自发地呈现。

先安静放松，然后进入梦中，重新去体验和经历梦境，融会身心的感受；再跟随梦，与梦中信息互动；最后记住在梦中的观点，而不是醒来后的观点。

注：本章对梦的解析来源于弗洛伊德和荣格对梦的解析理论。

第七章

闺蜜，我生命中的礼物
—— 奇妙的 OH 卡心理游戏

不同梦想，不同人生

子亦在衣柜里选了件白色衬衫，配上牛仔裤、白帆鞋，仿佛回到了学生时代。发型知性，眼镜秀气，笑起来时眼角有些细纹，但不变的是她浑身依然透着一股文艺女青年的书卷气。

高中时代，信子亦、李雪、陈莉莉是同班同学，也是形影不离的好朋友。子亦灵秀安静，话不多，除了两个好朋友外，在班里的社交关系几近透明，但学习成绩一直保持在前 5 名，她一心想考进北京的大学，以脱离原生家庭。李雪热情大方，交友广泛，喜欢文科，向往新鲜和未知，梦想是走遍世界，到更广阔的地方去看看。陈莉莉乖巧可爱，家庭环境优越，父母早已帮她想好了后路，所以她并不需要那么刻苦学习，只要不太差就可以了。

高中毕业后，子亦如愿考进了北京的大学，毕业后加入一家外企；李雪去国外留学，一直深造至博士，目前还是单身；莉莉上了当地的大学，毕业后进入父母安排的企业，工作稳定，早早结婚嫁人，生活也安逸。三个好朋友天各一方，子亦回老家时还会和莉莉见面，但雪儿几年才回国一次，她回国时子亦可能又不在家，所以平时大家只能通过视频或电话聊聊天。

今天，终于可以重聚在一起了！

雪儿回到了北京。她提前联系了子亦，子亦高兴地告诉了莉莉。莉莉在家里正待得发闷，一听这个消息兴奋不已，立即订了当天飞北京的机票。

在国子监胡同里，子亦预订了一家网红茶馆的小包间。这家茶馆成为网红是有理由的，雍和宫隔壁的风水宝地别有洞天，典型的四合院建筑风格，精致典雅，一进去就有一种很沉静的感觉。茶都是极好的茶，茶师温柔有礼，手法到位。

子亦选了金骏眉，她喜欢金骏眉的香气和入口的甘甜。

随着一串清脆的笑声，莉莉走了进来，她的身材略有些发福，肤色很好，烫过的卷发盘了起来，穿着一条真丝连衣裙。雪儿紧随而至，一头中长直发，帅气舒适的T恤，整个人透着健康活力。

三个好朋友像小女孩一样欢快地拥抱在一起，看着彼此笑着。和同学在一起就是有种魔力，可以让人瞬间回到学生时代。不同的是，当年的忧愁和烦恼都抛给了过去，当年的轻松和快乐被拉到了现在。

三人坐下后，边喝茶边聊近况。

莉莉结婚早，生孩子早，孩子现在都已上高中，接下来准备出国留学，所以她也没什么压力。子亦羡慕她快解脱了，自己还在操心女儿的学业和叛逆期的问题。雪儿一直没有结婚，也没有孩子的烦恼。

莉莉说:"你羡慕我,我还羡慕你呢,子亦。你和雪儿都事业有成,我现在做的工作基本和20年前没什么区别,工资也不高,家里生活开销靠老公。现在的单位,你们知道吧,没有绝对稳定一说,没准哪天就下岗了,到时我真的不知道自己能干什么。"

"那你有什么规划吗?"子亦问,习惯性地替朋友担心,心里甚至想好了一些建议。

"我这个年纪学不动啦,也不想什么发展了,反正过几年就退休了。我现在倒是对插花、书法感兴趣,给你们看看我的作品呀?"莉莉打开手机给她们看照片,子亦和雪儿一边看一边赞叹,让她赠予大作。"你们不嫌弃的话,没问题呀。"莉莉眉开眼笑地答应着。

子亦看着莉莉,心里还是替她担心。子亦是无法接受自己没有成长和变化的,她一直很拼,不让自己闲下来,虽然自己也不知道为了什么。莉莉的安逸和满足是子亦做不到的,但这显然是莉莉自己想要的生活。

子亦突然想起多年前的那个夜晚……

临近高考的某一天,她们上完晚自习从教学楼里走出来时,莉莉突然指着天空说:"有流星,快许愿!"话音未落,莉莉便交叉双手放于胸前,闭上眼,一副极为虔诚的样子。

子亦和雪儿也跟着一起停下来许愿。

安静了一分钟后,莉莉睁开眼,开心地问两个好朋友:"你们许了什么愿呀?"

雪儿打趣她:"你兴奋成这样,这愿望恐怕是惦记了很久吧?"

莉莉嘟起嘴:"才不是呢,复习得昏天黑地、暗无天日,哪儿还有心思惦记别的呀?!"

子亦跟着问:"你有什么愿望呢?"

莉莉害羞地扭了一下头，说："我希望上大学后遇到我的白马王子，轰轰烈烈地谈一场恋爱，然后拥有幸福的家庭。"

雪儿又忍不住打趣她："莉莉，你就这梦想呀，贤妻良母地在这个地方一辈子。不过呢，谁娶了你，还真是娶到宝了，哈哈哈。"

莉莉撒娇地打了一下她的肩膀，问："那你的伟大梦想是什么？说来听听。"

雪儿挺了挺胸："我才不想结婚。世界多大呀，人活一次就要多看看，多经历。我的梦想是走遍世界！子亦，你呢？"

子亦看着远方黑暗中的点点光，说："我的梦想就是考上好大学，离开这里，然后努力工作，减轻家里的负担。"

"然后呢？"莉莉歪着脑袋问。

"然后？我也不知道……然后又能怎么样呢？"

雪儿看着子亦清秀的侧颜，感受到了她的惆怅。雪儿搂着子亦的肩膀，抬起头说："妞儿，跟我一起去闯荡世界吧！"

子亦笑了，眼睛亮了一下，随后叹了口气："我也想，但不行，我又不是独生女，家里没那个条件，如果我是一个男孩子就好了……"

莉莉挽起子亦另一侧胳膊，温柔地说："亦亦，你这么乖的女孩儿多好呀，干吗想当男生。再说，如果你是男生，就不会和我们当好朋友啦！"

子亦心里暖暖的，她重重地点点头。是呀，在她18年的生命时光里，这3年是青春自我萌动又被重重压抑的时光，幸好有这两个好朋友陪伴。她不知道未来是什么样，但此刻她知道的是，她们是她最宝贵的财富。

三个女孩并肩站在星空下，月光洒在她们身上。

…………

"你们记得高三那年我们许的愿望吗？"子亦问。

"记得呀，"莉莉马上说："还是我先看到的流星呢，话说我们的梦想也算都实现了吧？我反正是上大学就恋爱，毕业就结婚了，哈哈哈……喂，雪儿，你走遍世界了吗？"

"世界太大啦，把我想去的地方走遍就可以了，目前还有很多地方在计划清单里，最想去的是南极。"雪儿说，然后她问子亦："你呢？当年你还想变成男生呢。"

"你不觉得这个时代还是男权社会吗？职场上还是男性占优势，但对女性的要求一点也不低。男性在相对机会更大的前提下事业成功便是成功，女性需要付出更多的努力和男性去竞争。'女强人'的标签并不光彩，它代表着强势、好胜、不温柔。社会对女性的基本要求是对家庭的付出，照顾好一家老小、安排好家里事务是第一评价标准，然后才是事业，如果顺序颠倒了，就是不对的。"

"这很难改变，家庭好也是对社会的贡献嘛。你就说现在中国全职妈妈、全职太太越来越多了，发达国家讲男女平等但家庭主妇还更普遍呢。说实话，我觉得回家待着挺好，要不是怕无聊我早就不想工作了。"莉莉的观点和子亦不太一样。

雪儿发表感言："其实在欧美国家男女也不是真正平等的。美国还没有出现过女总统。世界500强企业的CEO还是以男性为主。英国虽然有女王，历史上也有过女性鼎盛时期的维多利亚时代，可是英国远远没有实现男女平等。去年英国上议院五名世袭贵族议员的女儿将政府告上了欧洲人权法庭，原因是自己由于女性的身份无法继承父辈的议员头衔。对了，你们看过法国电影 *I Am Not an Easy Man* 吗，中文译名是《男人要自爱》。"

子亦和莉莉一起摇头。

雪儿笑着说："推荐你们看看啊，特别有意思。一个风流的男权主义者,某天撞到头晕过去了,醒来后发现进入了一个女权主义世界。在这个世界里,上至国会议员、商界精英,下至店铺老板、普通人,女性独当一面,穿裤子、光膀子。男人则在家洗衣、做饭、带孩子,用尽心思打扮自己,不能袒胸露背,否则会被人说不正经,但要褪毛、穿短裤、露大腿。男人在工作上不被重视,还有可能遇到性骚扰;到年纪了会被父母劝说要找个依靠;结婚后如果妻子出轨,大多要忍耐,还要担心自己容颜衰老;男人们还组织上街游行争取权益……后来他遇到了一个潇洒的女Boss,爱上她,结果发现她是个风流成性的人,哈哈哈哈……那个女主角可帅了,我喜欢。"

她们一起笑了起来,子亦说:"男权、女权都不平等,为什么不能平权呢?男女平等该有多好呀。"

雪儿说:"性别歧视是集体无意识的存在,积累得太久,很难改变,但可以看到的趋势是女性话题越来越被关注和重视,女性力量在觉醒!对了,回到梦想的话题,你们现在的梦想有变化吗?如果有,是什么?"

这个问题,让三个四十不惑的女人同时沉默了。

子亦慢慢地开口:"原来习惯给自己立一个个的里程碑,有清晰的学习、工作和生活的目标,自己也像个战士,披星戴月,一路奔跑。目标一个个地实现了,但带来的愉悦却是短暂的,之后我很快就进入彷徨期,直到我又立个目标,再为之奋斗,周而复始。人说四十不惑,我近几年反而更困惑了。我到底在追求什么?生命的意义是什么?什么是真正的自己?奔跑得很疲惫却不敢停下,一旦停止前行就像要陷入泥潭一样,无力感和恐惧感裹挟着我,难以呼吸。"子亦说到后面像是自言自语,眼泪慢慢流出。莉莉赶紧抱着子亦:"没事,没事,有我们呢,你是不是遇到什么难事了?说出来我们一起想办法解决。"子亦苦笑了一下说:"没什么事,最近也不知道怎么了，感觉自己像林黛玉一样容易伤感。"子亦不知道怎么向闺蜜诉说与韩岩深冬严寒般冰冷的婚姻，与女儿悠悠火山爆发似的激烈冲突，以及近期事业上的种种坎坷。

子亦给闺蜜留下的形象一直如她所说像个战士，坚强、独立、外柔内刚、永不言败，现在让她向闺蜜讲述自己深感失败的生活，子亦不知道该从哪开始。她已习惯性地选择自己的困难自己扛着。

雪儿感受到子亦有难言之隐，她从包里拿出一个小盒子提议道："咱们一起玩 OH 卡吧，也许能为四十不惑增添些明朗。"

OH 卡呈现了潜意识

莉莉兴奋地说："什么是 OH 卡？怎么玩？"

雪儿一边把卡取出来，一边详细地进行介绍。心理学界尝试着借助不同的工具与人们的潜意识对话，其中 OH 卡（也叫欧卡）被广泛认可。它被称为潜意识投射卡或潜意识直觉卡。目前人们在全球用 20 多种语言介绍 OH 卡，并使用它。

OH 卡是由德国的心理学家和墨西哥艺术家共同发明的。从 1980 年开始就被心理咨询师用于与潜意识对话，比如自我探索、心灵沟通、情绪疏解等。OH 卡由两组卡组成，88 张图卡和 88 张字卡，有 7744 种组合。88 张图卡包含着各种不同的生命生活的场景，工作、学习、家庭、人际关系、休闲、自然环境、暴力等，属于水彩风格。画中的内容不清晰，使用者在观看图卡的时候就像走进心理学的墨迹，可以觉察潜意识的呈现，让我们与潜意识对话，穿越重重障碍，走近自我真实的内在，深度了解自己和理解他人，可以开启对自我、生命的新视角，看见不一样的自己、他人和世界。

OH 卡还包含 88 张字卡，这些字卡包含着不同的角色，及各类情绪、各种感觉,比如喜悦、哀伤、躲藏、希望等。与情绪相关的文字,也能够牵动记忆,像愤怒、哀伤、恐惧,它们都与过去相关。与感觉相关的文字,则更多地与当下的直接反应有关。

探索情绪和感觉背后的源头,我们可能会发现某个特定记忆被深深埋在脑海深处。某个经常被触发的情绪,有时会让自己也感到莫名其妙。看见它,就是自身发生改变的开始,是化解内心积压的情绪的开始。

根据科学家对大脑的研究可知,左脑主要负责逻辑、分析、判断等,因此可以称为理性脑;右脑主要负责情感、记忆、直觉、想象力、灵感等,因此可以称为感性脑。OH 卡的 88 张图卡与 88 张字卡配合使用,可以充分连接理性脑与感性脑,开启探索与认知自我的大门。

莉莉和子亦像听一段历史故事,又像听某一神秘学说,有些发蒙又充满好奇。雪儿看到她俩的表情笑道:"我又讲多了。总之,通过 OH 卡能看到内在的自己,了解内在的自己真正的渴望、深层的恐惧等各种情绪的来源,看到自己与他人的关系模式,包括亲子或夫妻关系模式。更重要的是,能看到与自己的关系模式。"

"心理学大师卡尔·荣格说,除非你将潜意识意识化,否则它会一直左右你,直到有一天你会说这是命运。当我们潜意识的思维模式被自己看见时,我们才有可能选择成为自己想要的样子。"

"太魔幻了吧?"莉莉说:"真的这么神奇?"

"哈哈,你一会儿试试就知道了。按中国的老话,心诚则灵。你先拜拜我。"雪儿调侃道。莉莉撒娇道:"坏雪儿,我就知道你会欺负我。"

子亦在旁边安静而喜悦地看着她俩,她们三个人在一起时常常是这个状态。子亦羡慕莉莉随时都能撒娇、卖萌。莉莉即使已为人母,也能自然流露出"小公主"般的甜蜜样儿,一点儿也不矫揉造作,很惹人怜爱。子亦小时候没什么机会撒娇，长大后她挺鄙视爱撒娇的女生，唯独莉莉的撒娇让子亦可以接受。这几年，不知为什么子亦开始羡慕莉莉能撒娇。

"先让子亦试试吧。你安静一会儿，坐在一旁看着、听着，但不要说话或摸卡。"雪儿向莉莉眨眨眼。闺蜜间的默契立即体现出来了，莉莉笑着说："我先去逛逛，那有一家精品服饰店看着不错。"

雪儿让子亦先将88张图卡洗了3次，然后让子亦将卡有图片的那面朝下均匀铺开。雪儿说："现在调整呼吸，深深地吸气，慢慢地呼气，反复几次，直到自己觉得可以放空心里的杂念，脑子和心里都平静下来，然后用左手抽三张卡。"雪儿解释说："左手与我们的潜意识的连接更深，你可用左手轻滑过每张卡感受一下，然后凭直觉选三张卡。第一张代表你内心中的自己，第二张代表你在别人眼中的自己，第三张代表你未来想成为的自己。你准备好就可以选了。"

你有多久没有陪伴内在的自己了

如果是别人让子亦做这些，她定会觉得可笑，会质疑和抗拒。不过对雪儿，子亦没有一点怀疑，她认真地按照雪儿的指引进行操作。左手轻滑过每张卡时，她试着专注去感受，虽然她也不知道要感受什么。很奇怪，子亦此刻能感觉到左手的手心微微发热，缓慢滑过一些卡时发热的程度还有些变化，子亦闭上眼睛任由左手感受，当她觉得左手心更热一些时便停下一选定第一张，接下来第二、三张也以同样的方式选好。

雪儿将其他图卡收好后，腾出空间将三张卡依次从左至右摆在子亦面前，有图片的那面仍朝下。雪儿说："第一张卡代表你内心中的自己，你现在可以翻看第一张卡了。"子亦带着好奇和忐忑翻看第一张卡，眼前的图片让子亦的心猛地痛了一下。她怔怔地看了好一会儿，雪儿在一旁静静地等着,并没有打断子亦的思绪。子亦慢慢地说:"这就是我,我从没有这么清晰地看到过自己的样子。"

雪儿问:"你看到了什么?"

子亦:"一个十一二岁的小男孩受了委屈,独自在角落哭泣。"

"他此刻的感受是怎么样的?"雪儿缓缓地问着。

"他感到孤独,有些愤愤不平,又有些羞愧。他希望有人能陪着他,但他又怕别人因看到他现在很懦弱的样子而嘲笑他,所以独自躲了起来。"

"他不相信会有人理解他,真心地陪伴他?"

"是的。"

"如果你能进入图片中,你会在哪里?"雪儿仍然缓缓地问着。

"站在他的对面,离他比较远的地方。"

"你怕打扰他?"

"不是,我不知道该怎么面对他,不知道该和他说些什么。"子亦说着,泪花已溢出。

"看到他，你有什么感受？"

"觉得他很可怜，一个人要承受那么多痛。心疼他，我的心觉得有些堵。"眼泪终于不听话地流了出来。子亦轻轻擦拭了一下，眼睛一直看着图片中的少年。

"你现在想离他近一些吗？"

"我试着坐在他的身边，陪着他。"

"图片中的你想做些什么或说些什么吗？"雪儿说。

"我就想安安静静地陪他在这坐着。"

雪儿轻轻地说："此时图片中的小男孩抬头看到你了，他带着什么样的神情，对你说了些什么？"

子亦完全沉浸在图片里，说："我看见他满脸的泪痕，表情平静了很多，他说'谢谢你来陪着我'。"

"你有什么回应？"

"我犹豫要不要抱抱他……"子亦轻声说。

"如果你慢慢地搂着他的肩膀，把他紧紧地搂在怀里，会发生什么？"雪儿问。

"小男孩大声地哭了起来……"子亦说完也用纸巾掩面哭了起来。包间里静悄悄的，只有子亦微微的抽泣声。

"你想对小男孩说些什么吗？"

"抱歉，我真的很抱歉，让你一个人孤零零地承受一切，而我从来都没有好好地安慰你，陪伴你。"子亦更伤心地哭起来，"而且我还常常责怪你，为什么什么都做不好。"子亦双手抱着自己的肩膀，将头低至胸前轻声地抽泣着。

雪儿静静地看着伤心的子亦，没有安慰她，也没有打扰她。雪儿知道此刻的子亦需要时间与空间自己待一会儿。

不知道过了多久，子亦抬起头擦拭眼泪。雪儿慢慢地说："小男孩说，他此刻感受到了你是爱他的，他感受到了温暖，很开心能和你在一起。"停了一会儿，雪儿接着问道："你还想和他再待一会儿吗？"

"我想带他走出去。"

"你想带他去哪儿？"

"离开墙角，去一个有阳光、有大片向日葵的地方。"子亦仰起脸，像是迎接洒向脸上的阳光。

"你们已经在那了，你们在做什么？"

"我俩站在稍高一些的土坡上，眼前是一大片向日葵，我俩都张开双臂让微风轻轻掀起我们的衣角，享受阳光暖暖地洒在全身。"

"你们俩此刻的感受如何？"

"充满了力量，满心的喜悦。"子亦闭着眼睛，微笑着说。

"好，现在我们回来。"雪儿亲切地看着子亦，"你现在的感受怎么样？"

"心里没有那么堵了。"

"在你的内心中，你是一个小男孩？"雪儿好奇地问。

子亦笑笑："我也不清楚，以前从来没有思考过这个问题，也从来没有意识到内在的自己是什么样子的。当我看到这张图片时，像一下被点醒，清楚地知道这个小男孩就是自己。好强，遇到事自己一个人扛着；委屈时，一个人躲起来流泪；孤独，但又害怕与人亲近。"

"可能你在潜意识中对自己的性别不接纳，或者说，就是对自我不接纳。你想活成别人期待的样子，而这个期待如果无法达成，就会使你不断地自我否定。"雪儿说完后，给子亦添上了茶。子亦轻轻地抿了口茶，沉思着。

潜意识左右我们外显的样子

"我们聊聊你在别人眼中的样子吧。"雪儿提议。

"我也不知道自己在别人眼里是什么样子的呀。"子亦茫然地问。

雪儿笑笑了说:"那就说说你希望给别人留下什么印象吧。"

子亦稍做思考:"可能是睿智、优雅、独立、果敢吧。"

雪儿说:"那我们看看你的潜意识在向别人传递你是一个什么样的人?"

雪儿示意子亦可以翻看第二张卡了,子亦犹豫了一下,随即翻看那张代表"你在别人眼中的自己"的卡,映入子亦眼中的是一张像套娃的图片。

雪儿问:"你看到了什么?"

"四个人形,一个比一个大。好像是给一个人套了一层又一层的面具。最小的那个人是真正的样子,而最大的那个是面对别人时展示出来的样子。"

雪儿接着问:"最小的那个人带了一层层面具,她想做什么呢?"

子亦盯着图片:"也许是想保护自己,或者是害怕别人看到真实的自己。"

雪儿："这张图片的什么地方特别吸引你？"

子亦下意识地摸了一下嘴唇："红色的小人和藏蓝色的大人。"

"说说你对它们的感觉。"

子亦沉默了一会儿说："那个红色的人充满了生机，很有能量，但她好像害怕别人看到真实的自己，一层层地将自己的红色火焰弱化，展现出一个看似强大却没有活力的大人的样子示人。"

雪儿接着问："是什么让她害怕别人看到真实的自己呢？"

"她害怕别人看到她真实的样子会不喜欢她。"

"还有呢？"

"还有，当别人看到她这么小小的，会轻视她、欺负她，她害怕被忽视和伤害。"子亦轻声地回答道。

"那个红色小人是什么样子的，让你觉得别人会不喜欢她？"

"任性，可以肆意妄为；情绪化，可以随时发火，不用看别人的脸色，也不用顾忌别人的情绪；有活力，可以大喊大叫、大哭大笑；自在，做自己想做的事，说自己想说的话，去自己想去的地方，不用得到别人的允许。"子亦向往地说。

"那别人为什么不喜欢她呢？"雪儿仍旧追问。

"这样的人，别人怎么受得了？那么自我，不为别人着想，还自由散漫，如何让别人信赖？"子亦疑惑为什么雪儿会追问这个问题，在她看来这不是显而易见的吗。

"这样的人很有活力和能量，别人会忽视和伤害她？"雪儿好奇地问。

"这样的人可能什么都做不好。不能带来价值的人，会有人在意吗？无论是在家里还是职场上，没有用的人，别人会在意她吗？还有，当别人看到她有这么多毛病，会不会弃她而去？"子亦此时更像在自言自语。

雪儿有些心疼地看着子亦，虽然雪儿不断提醒自己要保持咨询师的稳定状态，但作为闺蜜，雪儿忍不住想抱抱子亦。这也恰恰是心理咨询的一条潜规则，即咨询师从不给自己亲人和朋友做咨询的原因吧。雪儿调整了一下自己的状态，接着问："藏蓝色的大人是什么样子的，她可以保护那个红色的小人？"

子亦凝望着图片回答："嗯，他是一位睿智的男士，冷静从容，独立坚强，只是给人的感觉有些孤独、冷漠、有距离感，且时刻戒备着是否有外来攻击。"

雪儿看着子亦说："接下来我的一些话也许此时你认为正确或不正确，你先听着，也许在某个时刻会给你带来一些触动。"

雪儿接着说："你将自己的情感禁锢起来了，层层包裹着，从不敢表露爱意，也不让别人太过靠近自己。你觉得将真实的想法、情绪和渴望深藏在内心会让你感到更安全。在生活中，你敏感、自制又略带冷漠的样子其实都是想保护自己。为了不受伤害，你宁可放弃可能的幸福和爱。你看似和所有人维持友好的关系，但真正能走进你内心的也许就那么一两个人。你的疏离感会让想与你深度亲近的人望而却步，甚至会让他们有受挫感和羞愧感。

"你与别人保持一定的距离，认为这样是自我保护，不给别人伤害你的机会，同时也失去了让别人保护你、亲近你、爱你的机会。

"你讨厌被人算计和利用的感觉，所以你更喜欢简单的人际关系，同时你也无意识地衡量做事情的目标是否达成，客观地看待投入与产出是否有价值体现，过度地理性和富有逻辑。

"你在感情方面属于悲观主义者，所以可能总是做好'撤退'的准备，敏感地观察着周围的人，一旦你觉察别人有伤害你的迹象，你就会坚决、迅速地远离对方。看上去往往是你的冷漠伤害了对方，其实你只是想保护自己。

"而工作方面，你让自己全力以赴，必须有出彩的成果，这样你会觉得自己有价值，别人会因此重视和尊重你。你总担心别人会不会有和你一样高的标准，这种对他人的不信任感，可能会让你感觉很累，让与你一起工作的人有压迫感。你的控制欲可能会束缚他人发挥创造性和主动性。而且，你自己认为这样会伤到别人，所以不断地压制自己的控制欲、攻击性。外显出来的理智和得体均在不断消耗你的原生能量，让你感到活力在一点点逝去，越来越打不起精神和感受不到各种乐趣。"

雪儿不紧不慢地说完了，最后又补了一句："我现在不是以心理咨询师的身份，我是以你闺蜜的身份，把我看到的告诉你，也许正确，也许不正确。你先消化一下，就当多一个角度看看自己，有时看到即是新的开始。"

子亦吃惊地看着雪儿："我觉得你比我自己更了解我。有时候我只知道我重复做着类似的事情，却不知道为什么我每次都做类似的事情。比如我和莉莉上次去摩洛哥玩，有陌生人打招呼时，我都是警觉地观察他们要干什么，而莉莉每次都热情地回应。在社交场所有人主动和我搭话时，我会很拘谨地说一些客套话，心里在想，他要干吗？我一直以为是因为自己内向。还有，看到别人跟我说话不是很热情时，我就会想是不是对方不太喜欢和我聊天，我就会主动找个借口先离开。现在想想，与我的两位前任男友的分手虽然都是我提出的，但都是我觉得他们可能不再爱我了。原来是戒备心让我过度地自我保护。"

雪儿笑笑说："你先别全部都认同了，不要被我贴上了标签。只要你心里记得这些，在下一次有类似情景时，进行自我觉察，了解自己的感受和想法，再做行为层的应对选择。原来我们形成了一些无意识的行为反应,现在我们可以先停下来觉察一下自己,然后再看看是否有其他的行为选择。"

打开通往未来的门

"来看看第三张卡吧。"子亦期待地翻看第三张卡,那张代表"你未来想成为的自己"的卡。有两个人站在海边依偎在一起亲切地交谈着什么。子亦想,这寓意着什么呢?她目前正处在困惑期,不知道自己未来的方向,也不知道未来的自己能做什么,可以做什么,更不清楚未来的工作生活状态和自我状态会是什么样的。

雪儿问:"你看到了什么?"

子亦笑着说:"接下来还有我的感受是什么?"

"你很熟悉我的套路了。"雪儿哈哈笑着,她为子亦恢复了好心情而开心。

子亦歪头看了一会儿俏皮地说:"像咱俩在海边聊天,和今天一样聊聊内心世界，感觉很轻松、享受和亲切，还有一点点神秘。"

雪儿也笑了："估计莉莉也快回来了，你先拍下这张图片，给你留几个问题，就当你的家庭作业吧。也许这些问题的答案能帮你找到未来的自己。"

子亦立刻从包里拿出本子，这个企业咨询顾问的职业习惯动作让雪儿和子亦都笑了。

第一个问题，如果遇到未来的自己，她是什么样的？
第二个问题，未来的自己会对你说些什么？
第三个问题：你想对未来的自己说些什么？
第四个问题：前行的路上，你希望自己放下些什么？
第五个问题：前行的路上，什么会给你带来持续的能量？
第六个问题：你迈出的第一步是什么？

这几个问题子亦一时也没有答案。子亦打算找时间静静地思考雪儿提出的问题，她先把三张图片认真拍下来，并标注上第一张代表内心中的自己，第二张代表在别人眼中的自己，第三张代表未来想成为的自己。

练习

1. 当自己有强烈的情绪（可以是愤怒、悲伤、羞愧，也可以是喜悦、兴奋、感动）时，尝试做以下练习。

- 与内在的自己对话，比如问问内在的自己发生了什么，以前有类似的场景吗？
- 感受内在的自己，比如身体有什么感觉，觉察大脑出现了什么图像。
- 陪伴内在的自己，比如将自己抽离出来，在心里抱抱内在的自己或坐在其身边，看看内在的自己此刻想做些什么。

2. 觉察自己可能戴了什么面具，这些面具在什么情况下会被你拿出来戴上？你戴着它们是想为自己做些什么？如果一直戴着这些面具会给你带来些什么，会使你失去些什么？

3. 尝试回答雪儿提出的六个问题，并把答案写下来。

第二篇

接纳自己

第八章

偶遇人生导师
—— 我好像看见了未来的自己

方案落地，成于人，败于人

  子亦坐在客户方的会议室里，客户方的项目负责人是分管人力资源的副总裁刘总，同时参会的还有双方项目组成员。项目在进度上比原计划延期了两周，子亦希望取得刘总的支持，达成共识，一起推动项目往前走。

  项目经理讲述了项目管理计划的执行情况，子亦补充说："刘总，组织结构方案经过多轮讨论，接下来是否安排向总裁汇报，以尽快决策。"

  刘总沉默了一下，然后慢慢地说："信总你知道的，我们之前的组织结构变过很多次，放了又收，分了又合，反反复复。有人不理解，以为我们工作是靠拍脑门，但其实不完全是拍的，有时候想得很好但落实不下去。人的能力不行，做不到，没办法，基于风险的考虑也只能退回去。所以这次请了你们这些专家来，就是要稳妥地变，保障落地的效果。我看还是先和事业部总经理、职能高管们单独再沟通一轮。尤其是事业部，权力大了，他们能否接得住？你们也再帮忙判断一下他们的能力、意愿，然后再跟总裁汇报。"

子亦理解刘总的担心，虽然这意味着将花费更多的时间。她整理了一下思路之后说："您看可否这样，在接下来的两天里密集安排与高管的沟通，同时我们对高管分工、组织结构方案实施路径、落地计划提出建议，争取在一周内安排向总裁汇报。"

刘总对此表示同意，马上安排下属去执行。

会后，子亦和项目组成员讨论后续工作计划，有项目组成员抱怨说："这些事不在我们的交付成果范围内呀，为什么要我们做？"

"你觉得他们的 HR 有能力做吗？"子亦问。

"唉，做不了……"

项目经理说："我们是不是应该在变革管理上再多花些功夫？"

"是的，"子亦点头，"组织最终还是要落到'人'的身上，从以往的项目经验来看，大的变革十分之九的成功因素是与人相关的，同样十分之七的最大障碍也是来自人。组织结构设计不难，我们研究这么多企业，知道模式就那么几种，但同样的模式在不同的企业衍生出来的方案和实际运作效果却不尽相同，原因就在于人。"

"虽然我们总跟客户讲以岗定人，不过照刚才的话，因人设岗也没什么错喽。"

"对于非成熟业务来说，是这样的，况且互联网和进化型组织更是主张建平台，不限制职责。不过，这家企业属于快速发展的传统企业，需要建体系、规范化，目前还不适合。管理者和核心人才对方案的理解程度、认同度以及他们的管理能力，将决定对方案的承接和落地执行的效果。所以我们是需要多花些功夫的。公司那边我去解释，你们再好好思考一下后续环节的关键点。"

"好。"顾问们快速分工，分头准备。

组织和人力资源管理的项目，均会涉及企业中的"人"。以前子亦很享受，同时也很庆幸自己是以第三方视角来看企业中各角色登场，老板们强势表面下的孤独、纠结、不自信，管理者之间明里暗里的关系、利益纷争、权力制衡，以及老板与管理者互相认为问题出在对方身上、想改变别人等。客户花钱买的是专业服务，方案的质量是最重要的，而这些人的问题、人与人之间的问题不应该是顾问们关心的，顾问们也不应该由于考虑人的因素而影响专业判断。

但随着阅历的积累，子亦对"什么对客户更有价值"有了新的思考。企业管理越来越成熟了，传统的咨询方式也要随时代变化，专业技术不再具有挑战性，更具挑战性的是非技术层面的，比如复杂而不可预测的"人"。

抑郁、亚健康，职场慢性绝症

"子亦姐，对不起，我要辞职了。"

顾问 May 约子亦面谈，第一句话便是这句。

子亦有些惊讶。May 是子亦在校招中选拔出来的，当时她年纪最小（1990 年出生，子亦还感慨 90 后都冲到职场了），本科毕业，外语专业。与研究生或管理专业的名校大学毕业生比起来，并不起眼，但她文静乖巧又尽全力争取机会的样子让子亦印象深刻，就像以前的自己。

最终 May 入职了，在子亦的团队中从助理顾问开始做起。经过几年的历练，从助理顾问到顾问，再到现在的高级顾问，她既可以独立承担大项目的某个模块，也可以担任小项目的项目经理。

"是什么原因呢？"子亦问。其实顾问做几年后离职也是很普遍的现象，或者去甲方，到企业里工作，或者跳槽到别的咨询公司。原因大多是因要照料家庭而不能总出差，有升职加薪的机会，等等。有的年轻顾问因为经常出差很难找到男女朋友，谈恋爱也是聚少离多。

"我得抑郁症了。"May 低着头，轻轻地说。

"啊……"这是子亦没想到的。但细细想来，并不是没有征兆。

May 非名校毕业，非高学历，能进入这家有名的咨询公司和优秀的同事一起工作，还要去企业里面对有挑战性的客户，可以想象压力有多大。子亦知道她比别人付出了更多的努力，经常熬夜加班，也知道她特别想获得别人的认可，所以子亦也更关注她，经常指导她，帮助她成长。有时客户质疑 May 太年轻，子亦会尽力说服客户。May 这几年成长得很快，但也越发内向了，满脸的青春痘，有时情绪也不稳定。

"这份工作压力太大了，感觉每天都面临着挑战，每天晚上都因为焦虑睡不着，早上一想到又要考虑方案、写 PPT、向客户汇报就很痛苦。前几年想，这很正常吧，大家都这样，都要经历这些，扛一扛就过去了，等成为你这样经验丰富的专家就好了。可后来发展到觉得活着没意思了，晚上睡不着时甚至想过自杀。因为我姨也是抑郁症，所以我就去看了医生，结果……也是……"May 重重地叹气，好似这样可以让她舒缓一些，但是更沉重了。

子亦轻轻搂了一下她的肩膀，柔声说："May，我也曾经历过痛苦的成长期，也有过你说的状况，其实到现在也依然经常焦虑，但我总告诉自己要坚强，从来没往心理的层面想过。这点你做得比我好，比我勇敢，去找医生，去治疗吧。"她接着提出建议，"公司有政策，可以留职休假 3～6 个月，你可以先治疗，放松一段时间，然后再做出选择。"

"谢谢子亦姐，但我考虑好了，我不适合当咨询顾问。我还是辞了吧，不占着名额了。"May 坚定地说完后感觉轻松了一些。

"那还有什么我可以帮助你的吗？"子亦又问。

"你已经帮过我很多了。你知道吗，我一直希望自己未来成为你这样的人，但估计做不到了……"

…………

May 的离职让子亦对抑郁症多了一些认知。据说中国得抑郁症的人不少，她意识到身边有些同事、客户中的管理者都存在情绪莫名低落、敏感、易怒的情况，有时因为一点小事就大发雷霆、拍桌子、骂人、摔门，他们的下属小心翼翼，如履薄冰，有的受不了了也会辞职。

这些人中可能存在抑郁症患者（但不自知），有些还不到抑郁的程度，深度焦虑却是普遍的。

在社会普遍印象中，寻求心理咨询是表明"有病""精神不正常"的行为。人们有一种根深蒂固的观念，认为人必须承受痛苦，"吃得苦中苦，方为人上人"。当有人感到痛苦、紧张、疲惫时，身边的人会劝说：要坚强，谁没有压力呢，脆弱是无用的……因此很多人不愿意去找专业人员，而是假装正常，忍着扛着，于是小问题积累成为大问题，乃至有的人因抑郁而自杀。

长期情绪低落和疲劳，身体必然出现反应予以提醒。

一天子亦在客户处开会，客户方的人力资源总监突然大出血，救护车把人拉走后，现场还一片混乱，大家惊魂未定。好在人到医院后抢救成功，没有大问题，住了几天院后便回家调养。

最让子亦震惊的是公司一位在业内颇有名气的合伙人突然因癌症去世了，年仅 49 岁！他曾是子亦的导师，子亦很欣赏他，他与人沟通时让人感觉很爽朗、很舒服，他不会拿着外企高管的架子，表达观点时一针见血，既有专业性又幽默、接地气，没有他搞不定的客户，颇有江湖老大的劲儿，团队都服他。这样一位身材高大、心态乐观的北方大汉，却在盛年时抛下父母妻儿，令人不免唏嘘感慨。

子亦的身体也出现了问题。

子亦与新老板 Chuck 仅能维持表面的关系，内心是互不认同的。Chuck 新公布的组织结构让大家不明所以，莫名其妙地被换了汇报关系，子亦和几个咨询总监的团队被打散，Chuck 又提拔了几个关系好的高级顾问。最大的受益者是 Chuck 本人，将他想要的核心顾问资源直接控制住。

以前 Chuck 手里握着市场和客户资源，现在又紧握顾问资源。

好的项目机会自然会分给关系好的人，而子亦需要业绩，不仅因为这影响到她个人的晋升，她也要给团队成员安排项目。在他们公司，衡量顾问的量化指标就是顾问上项目的工作时间比率。如果这个比率低了，会影响顾问的加薪、晋升甚至去留。子亦团队的整体比率因为项目少而降低了，HR 跟子亦讲目前公司有裁员计划，如果再不能提高就要给她的团队一个裁员名额。子亦焦虑、着急，她不想裁掉任何一个顾问。她只能自己去问 Charlie 以及其他合作过的销售顾问，只要有意向的客户，她都愿意去谈。

同时，手头的几个项目的进展也有些不顺利，申请延期的项目在向后台项目管理部门解释时困难重重，已经开了三次会，还要继续提供证明材料。如果有老板支持，一同去与后台沟通还好办一些，但 Chuck 不会，他为了撇清责任，只会当着后台的面责怪子亦，导致难上加难。

为了打单拿项目，子亦密集、高强度地出差，经常早上醒来要先想一下在哪个城市。她不停地见客户。有些客户需求不清晰，有些意向不强，有些只是想了解了解。她也顾不上挑了，建议书更是写到要吐。在路上的时间和晚上都安排了电话会，手机每天至少充两次电。

这样的状况持续了几周之后，子亦的过敏性鼻炎加重了，除了打喷嚏、流鼻涕，还因鼻塞到喘不上气而引发了哮喘，每晚睡觉只能靠嘴来呼吸。子亦第一次觉得，原来能够畅快地呼吸是那么幸福。

子亦往医院跑了很多趟，先看西医。西医只能给开一些通鼻药水、脱敏药。她不服药就不行，于是又看中医，针灸、艾灸、中药同时上，但速度没那么快。

近几年，北京犯鼻炎的人越来越多，有人说是空气质量不好，有人说是节奏快、压力大，但没人把鼻炎太当回事。子亦的鼻炎也是严重到影响呼吸的程度，才被她真正重视起来。

当身体处在亚健康状态时，通常首先出现症状的是最外在的皮肤、黏膜组织，"表"看似小问题，"里"则是西医所说的免疫力下降和中医所说的症虚，正气不足，如果不重视、不调理，会持续加重。

身体状况迫使子亦开始思考：拼命工作，一个项目接着一个项目地攻克，晋升、挣钱，到底是为了什么？

健康。可人对健康往往无视，只有在身体欠安时才真正有感觉。在健康面前，一切都似乎变得虚幻了，平时追求的不过是虚幻，终将坍塌于"活着"面前。

抑郁症、亚健康如瘟疫一样蔓延职场，开心、健康地工作真的难以实现吗？

出离之旅，寻找之程

工作、家庭、情绪和身体，让子亦感觉自己被推不开的无形的墙重重包围着，无法呼吸。她想逃离，她要逃离！她能做的，似乎也只有逃离。

不顾一切，子亦难得任性地在公司系统里提交了请假单。跟韩岩说去出差，也没有说去哪里，反正韩岩似乎也不会关心。她订了机票，抓了几件冲锋衣、T恤，简单收拾了洗漱用品，直奔机场。飞到了成都，然后坐上长途车，因为修路，在车里颠了近15个小时。一路无话，不知疲惫，不觉困顿，去往她心中的净土——色达。

也许人们相信，在更高的地方，便能与上天更虔诚地对话。在海拔4500米的高原，密集排列的红色小屋形成了一片令人震撼的景象，山谷里流动着诵经的声音，诉说着信念和信仰。

那些开着车去拍照的游客很难理解，如此艰苦的生活条件，寒冷而干燥的气候，喇嘛和觉姆们络绎不绝地来到色达，搭个简陋的小木屋，每天到佛学院诵经而不愿离开是为了什么。

子亦融入红色之中，和觉姆们一起打坐，听她们诵经，和她们聊天，看着她们眼中的清澈、笑容的纯粹、友好而腼腆的举止。瞬间，她似乎明白了她们来这里的原因，因信仰而坚定，因信仰而满足，因信仰而感到充实幸福。

她的信仰是什么呢？

山顶的坛城，是佛学院最殊胜之处，据说转108圈会达成心愿，缓解病痛。转一圈需要走277步。子亦忍着高原反应带来的不适和无力，坚持走着，越走越慢，越走越慢，直到走不动。

她坐下来，头疼欲裂，腿沉如灌铅，鼻子还是不通气，只能大口地张嘴呼吸。天色渐渐暗了，山顶上阴冷，寒意随风扑面而来。子亦裹紧外套，想等体力恢复后再走。

突然一大片乌云飘来，掉下了雨滴。大部分人都离开了，子亦到屋檐下避雨。屋檐不宽，雨点打在子亦肩上、眼镜上和鞋面上，她摘下眼镜擦拭，感觉到寒冷得让人绝望。

恍惚间出现了一道光。温暖的光在靠近她，照在她的头顶，挡住了雨水。子亦抬起头，看到一把橙色的伞，撑伞之人是一位比子亦年长的中年女士，穿着红色的中式棉布长裙，微笑着，慈爱地看着她。

"你好……嗯……谢谢！"子亦一下不知说什么好，眼泪却在眼眶中打转。

"你还好吗？"女士眼中流露出关爱。

"我……没事。"子亦觉得她很亲切，似乎相熟已久。

"有时，不需要太坚强。"

子亦被一股暖流击中，内心中某部分的坚硬和冰冷被融化了，化作泪水从眼眶中涌了出来。

女士并没有劝慰她，只是默默地陪伴着。四周一片安静，只有雨滴落下打在伞上的声音。

平息后，子亦问："我叫信子亦，请问怎么称呼你？"

"叫我艾伊或 Eir 都行。"

"你是来旅游还是住在这里？"

"修行。"

雨停了，她们并肩往山下走，上万盏点亮的灯光像一颗颗虔诚而闪亮的星星，燃亮整片山谷。艾伊邀请子亦到她的小屋坐坐，子亦跟随她进入一间典型的小红木屋中。屋里空间很小，设施只是最基本的，但很整洁、温馨。艾伊递给子亦一条干净的毛巾，又给她倒了一杯酥油茶。子亦双手握着热气腾腾的杯子，喝了一口，温暖的幸福感传遍全身。

"艾伊，你信佛吗？"

"是的。"

"我也想有信仰，离开世俗来这里修行。"

"修行不是逃离。与出世修行相比，更难的是入世修行。"

"嗯。"子亦理解着这句话。不得不承认，她是想逃离，逃离喧哗纷扰的城市，逃离复杂得难分对错的关系，逃离必须面对的困难，逃离可能迎来的疾病和痛苦……

"你来色达是想寻找什么？"艾伊看着子亦的眼睛，问道。

"……"子亦一时语塞。她不知道，她只是在多重压力激发下说走就走。她到底想寻找什么？

子亦看着坐在对面的艾伊，从容、淡定，眼中透着看似很有经历的睿智。难得的是，艾伊整个人是柔和的，子亦却又能从艾伊的言行中感受到内在稳稳的力量。真好，子亦心里暗暗羡慕，这是她渴望成为的样子。

"我想，可能我想寻找的是——自己！"子亦说完，又肯定地点了一下头。是的，她迷失了自己，她要找到真正的自己。

一场与人生标杆的对话

"想聊聊这个话题吗？"艾伊看着子亦问。

"求之不得！"子亦果断地回答。在这一刻，她突然意识到遇见艾伊就是冥冥之中的缘分，一场对她很重要的对话要开启了。

"是什么让你在这个时间点上如此希望寻找自己？"

"一些事情累积后的迸发吧。以前近40年都是按照别人的期待去活，就像在一个既定的框框中麻木地遵照指令前进。这一年多来，换了让我感到不适应的老板，关系变得复杂，一些以前由老板承担的压力落了下来；同事中突然有人去世，有人得了抑郁症；生活中和家人的关系更僵化了，要么无话可说，要么争吵；我自己的身体也出了些问题。所以你能想象在工作时、回到家里时甚至我一个人待着时，我都无法顺畅呼吸的感觉吗？"子亦说得心里发酸，眼睛里热热地泛起泪花。

艾伊静静地看着她，点点头表示自己能理解。子亦能感受到她懂自己。

子亦继续说："这些问题让我开始思考，为什么我按照别人的期待去做了，却感觉不到幸福，也感觉不到自己存在的意义。我看了些书，参加过工作坊，也和朋友交流过，有些启发，但还是找不到最终的答案。"

"这40年来，你的自己在哪里呢？现在在哪里呢？"

子亦感觉自己的心被重重地击了一下，她不由得深吸了一口气，一字一字地说："她……她被囚禁着，穿着……又厚又硬的盔甲……"

"很好，你看见她了。这是一个开始。但我知道，你想寻找的不是这样的她，是吗？"

"是的。我想寻找的是本来的她，真正的她！"

"那么，如果你找到了本来的她，真正的她，你将会有什么不同？"

子亦认真地想了几分钟。艾伊耐心地等待着，周围安静极了。

当子亦抬起头看向艾伊时，她的眼睛亮了起来："那时，我和她可以合为一体，我就是她，她就是我，不再分开，不再被束缚，可以自由、轻快地呼吸、奔跑！"

"太棒了，感觉你也变得轻快了。"

"嗯，"子亦微笑着，"确实感觉轻快了，鼻子也通气了呢。"

"除了自由和轻快，还会有什么不同吗？"

子亦又想了想，高昂的情绪略略稳定了下来："我会清楚自己想要什么，也会因为清楚想要什么而更坚定地选择，不会总受别人影响，然后也会因为更坚定地选择而坚持下去。"

"清楚想要什么，更坚定、更坚持地去实现自己想要的，还有别的吗？"

"还有？"子亦想了一会儿，想不出来了，她摇摇头。

"好，找到这些不同已经很棒了。找到真正的自己，对你来说非常重要。"

子亦重重地点头。

艾伊接着说："过去无法改变。过去虽然让你压抑和丢失了自我，但也成就了你，让你成为现在的你。过去的所有也促使你去思考，想突破。我们的能量有限，你将能量投在哪里，就会在哪里得到回馈。所以如果我们抱着过去不放，能量就会消耗在改变不了的事情上，不如持感恩的心去接纳，将能量投放在可以决定的当下和未来。"

子亦专注地听着这番话，心里佩服艾伊好像钻进她脑子里一样知道她在想什么。她一直没有做到轻快，就是因为她停留在过去，不肯走出来。她脑海里像过电影一样闪过自己过往的人生，都是一些痛苦和悲伤的画面。是的，她认为自己很失败，不管她怎么努力也不能让父母满意，不管她怎么拼命工作也搞不定在意关系的老板，不管她怎么为了家付出也不能和悠悠、韩岩回到从前的亲密。失败感让她自责，也让她觉得不公平，为什么周围的人如此对待自己？！她做错了什么？！但如果她一直背着这些沉重的包袱，她又如何能轻快呢？！

艾伊关注着她的状态，问："你现在有什么感受或想法？"

"我忽然觉得，过去的自己不是被别人束缚了，是被我自己束缚了。"

艾伊欣赏地看着她："这是个很深刻的觉察，祝贺你！所以，解开束缚的也是你自己。"

"谢谢你！艾伊，是你让我看到了这一点。"子亦感觉浑身充满力量，"我想向前看，向未来看。"

"好，那我们来聊聊未来。如果你遇到未来的自己，她是什么样？"

子亦突然想到雪儿在给自己解读 OH 卡时留下的问题。太巧了，好像老天安排的一样。在今天之前，她不知道，很迷茫，但今天，她遇到了标杆。

"艾伊，你不要笑我，我希望未来的自己就像你一样。"

"可以描述一下吗？什么样？"

"平和、自信、睿智、优雅，让人很容易信任，能敞开心扉交流。你的话不多，但给人很大启发……你的洞察力很敏锐，好像能读懂人心……"

"谢谢你的评价！其实我以前也曾和你一样迷茫和无助。回到你身上，你希望未来的自己平和、自信、睿智、优雅、敏锐，还有吗？"

"还有，能够帮助更多人。"

"通过什么帮助更多人？"

"通过做专业性的事。"

"我仿佛已经看到在未来，平和、自信、睿智、优雅的子亦通过做专业性的事帮助了越来越多的人。"

子亦笑了，这个画面太美好了。

"想象一下，这样的自己会对此刻的你说什么呢？"

"嗯……勇敢一点，年龄不可怕，你看我不是越来越好嘛。"

"年龄使你感到恐惧吗？"

"30 岁的时候哭了一场，感觉告别了青春，一脚踏入中年。35 岁的时候又是一关，40 岁反而淡了一些，只是一个数字。"

"那你在恐惧什么？"艾伊并没有让问题溜走，她知道有些东西是子亦必须面对的。

"……孤独，"子亦终于承认，"我没有安全感，害怕失去价值感，总觉得我拥有的并不属于我，即使现在拥有，以后也会离开。"

"安全感是自己给的。如果寄托在外在事物或人身上，那么安全感始终是虚无的、被动的。安全感来自强大的内在。"

"你说得太好了！我看到有人寄托在金钱上，认为财富自由才有安全感；有人寄托在家庭上，认为有老公的爱才有安全感。但他们总是焦虑，患得患失，即使有钱、有爱，还是没有稳定的安全感。我呢，是害怕自己没有价值，对别人不重要了，所以将重心放在工作上，希望得到认可。别人对我有负面评价时，我就会特别失落，感觉失败。"

"子亦，希望你知道，你值得拥有美好。"艾伊心疼地拍拍她的肩膀。

子亦的眼泪瞬间滑落，她不善于表达亲昵，只是哽咽着说了声："谢谢！"

"未来的自己已经对你说了要勇敢，那么你想对未来的自己说些什么呢？"

"看到这样的你，让我对未来有了信心和期待。感谢你来点醒我，让我知道不能再沉迷了。"

"也要感谢你自己，这世上还有很多人仍处于混沌中，就像处于二元世界中，要进化意识层次只能靠个人。而你，开启了自己的觉醒，踏上了英雄之旅。"

子亦不由得挺了挺后背，感恩。

"接下来你会做什么？"

"让自己内在更强大起来，不逃避，先把情绪和身体调整好，然后处理好与他人的关系。"

"很棒！在前进的路上你可能会退回固有的模式，这样很正常。我们的信念、思维模式是长时间形成的，所以不是一天两天就可以完全改变的，但只要意识到，提醒自己，就会慢慢不一样了。"

子亦听着连连点头。

"同时,也很有可能会遇到阻碍,它会影响你的情绪和动力。你要找到让自己的能量得到提升的方法。什么会给你带来持续的能量?"

"以前我心情不好的时候,通过看书、音乐、旅行可以缓解,或者一个人安静地待一待。现在,我觉得和你这样聊一聊,就特别有能量。"

"你自我修复的能力很强。你很坚强,甚至有些过于坚强。有时脆弱也是一种力量。以后需要帮助时可以多找人聊聊。"

"嗯,好!"

"还有什么今天没说到的问题吗?"

子亦想了想雪儿在解读 OH 卡时留给她的几个问题,基本都提到了,艾伊也都直接反馈给她了。她应该放下过去,放下寄托在外在事物上的不安全感。

"没有了。我只是还有一个关于你的问题,不知是否方便问?"

教练,新的职业目标

艾伊笑了:"当然可以。"

"请问你从事什么职业?是心理咨询师吗?"

"不是,我是一名教练。"

教练,子亦是知道的。公司有关于 Coaching 的很成熟的课程,用教练的方法做员工辅导。她也给企业用教练的方式做人才培养,在现场演练时给予学员反馈、指导。

"是哪方面的教练?"

"两个方面。对于企业,是给管理者和团队做教练。同时,我也给个人,特别是女性,做成长教练。"

"女性—成长—教练",这三个词一下子吸引了子亦,她不由得加强语气重复了一遍。

艾伊微笑着娓娓道来："随着时代发展和社会变迁，性别观念也在悄然发生改变。女性对自我实现的重视标志着女性'自定义模式'的开启，说明现代职场女性重视自身成长和社会价值，不依靠外在因素证明自己，而是通过实现自己的愿望、目标走向自己心目中的成功。"

这点子亦也深有感触，除了她自己，身边的很多女性也是这样。她看过相关的研究报告，女性定义成功最重要的三个标准是自我实现和目标、健康、婚姻和家庭，自我实现和目标排在第一位。男性定义成功最重要的三个因素是健康、婚姻和家庭、自我实现和目标。对比之下，在定义成功时，男性对婚姻和家庭的重视程度、权力和影响力明显高于女性，而女性对于工作与生活平衡、自由的重视程度明显高于男性。

"用教练的方式指导女性成长吗？"子亦想象着一屋子女性学员，教练站在前面讲PPT。

"对，但可能先要澄清一下什么是教练。教练不是导师，不直接分享自己的经验；也不是培训师，不传授成长的技能方法；也不是顾问，不给出建议方案。教练可以说是交谈技术和思维流程的专家，通过深入对话帮助被教练者自我探索、挖掘更大潜能、实现目标。刚才我们的交流就是一段教练谈话。"

"我感觉刚才的交流对我启发很大，但并没有感觉到流程、框架之类的。您之前并不了解我，没有问我太多背景信息，也没有告诉我应该怎么做，只是问了我一些问题，但很神奇的是，可以谈得很深入，我愿意多说，愿意静下来思考，也有了要改变的力量和计划。"

"教练要做的是激发人们自己寻求解决办法和对策，因为他们相信人生来就是富有创意与智慧的。每个人遇到的问题只有每个人自己最了解，别人的建议未必适合，而且每个人的问题也只能自己去解决，别人也替代不了。"

"真好！我最近也在思考如何更好地关注人、真正帮助人，听起来教练很适合。"

"是的。如果你希望关注人、帮助人，教练确实很合适，教练的使命就是——因成就他人而成功！"

"因成就他人而成功！哇！艾伊，我很感兴趣，我想学习、了解。"子亦好像看到一扇新的大门在向她打开，她充满期待地兴奋起来。

艾伊莞尔一笑："好啊，你可以把教练当作一种技能去学习，但你会发现，要成为一名好的教练，自身的状态比技能更重要。这一点你要自己体会。相信你会慢慢明白的。"

"好，我知道了。另外，我……可以请你做我的成长教练吗？"

"我很愿意。"

子亦忍不住拥抱住艾伊，如获至宝。

走出小木屋时，星光满天。子亦抬头仰望，长舒一口气。

你好，自己！

谢谢你，艾伊！

我来了，教练！

练习

尝试用以下方式进行自我情绪管理。

1. 学着放松。轻度抑郁症（或者抑郁状况）在我们的生活中非常普遍，它是由于人的精神长期处于高度紧张状态，致使大脑部分神经功能紊乱造成的。请学着放松。放松的方式有很多，请选几种自己喜欢的方式来放松，如经常读一些可乐的书籍，看一些搞笑的视频，听一些诙谐幽默的相声，等等。

2. 培养自信。自信是战胜一切恐惧、紧张、担忧、惶恐等不良情绪的法宝。尝试每天用积极的语言来暗示自己，相信自己。不管对于工作中还是生活中遇到的问题，都要相信自己能够处理好。试着在每天晚上睡觉前，充分肯定自己在这即将过去的一天取得的成绩和进步，不想消极的东西。能写日记最好，把好的体验、进步、成绩记录下来。

3. 积极入世。尝试积极开拓自己的人脉，多和别人交流，不要怕被拒绝。尝试着做一些轻微的体育锻炼，看看电影、电视或听听音乐等。可以参加不同形式和内容的社会活动，如讲演、参观、访问等，但不要太多。

4. 养成良好的睡前习惯。尝试在睡前采取一些有助于提高睡眠质量的措施，如泡脚、泡澡、喝牛奶等。切忌深夜不寐，胡思乱想，以免给自己带来不必要的精神垃圾。

5. 借助家人的帮助。身心俱疲之际尝试主动找家人说说话，聊聊天，把自己所想的全都说出来，发泄一下情绪，获得一种情绪上的平衡。

6. 尝试适当地哭泣。很多人认为哭泣是脆弱的表现，其实哭泣是一种情感的宣泄方式。如果眼泪长期流不出来，会使人产生一种压抑感。选择一个让自己感觉安全和舒适的环境痛快地哭泣。

第九章

我创造了我的现实
——对自己的内在"冰山"负责

归因影响看人和事的角度

　　从色达回来后,子亦的状态平和了很多,信仰的魔力以及和艾伊的对话带给了她方向和力量。她也发现神奇的一点是——当她平静了,世界仿佛也平静了。老板 Chuck 没有问她去了哪里和为什么请假;韩岩也没有问她去了哪里,没有问或根本没有发现她怎么变黑变瘦了。

　　表面上,她和以前一样工作、生活,但她会时不时地回忆起在色达的奇遇。那场与艾伊的对话既清晰又有些恍惚,子亦后悔那天没好意思邀请艾伊照一张合影。艾伊平和、自信、睿智、优雅的样子给子亦留下了极深的印象。子亦反复回味着自己对艾伊说的话:"我忽然觉得,过去的自己不是被别人束缚了,是被我自己束缚了。"子亦说这话时,感觉是内心的一个声音自己冒出来的。后来当子亦思考自己是怎么束缚自己时,她却有些困惑,想不出所以然。

子亦已形成习惯,当她对一些事情感到不解或好奇时,她都会先查找相关的书和资料,然后再找到合适的人进行探讨,如果需要,她还会报专门的课程班系统学习。子亦的学习能力很强,只不过以前她将注意力都集中在与工作相关的领域。子亦曾被闺蜜笑道:"一心只读赚钱书,两耳不闻人世情。"子亦当时辩称:"我这是上进有追求,有事业心,不负韶华。"子亦现在发现,那些她原来不关注的情绪、人际关系、自我认知等都开始向她要"债",像一把锁将过往的业务能力、激情、抱负都锁住了,自己怎么都使不出劲儿来打开锁。事业心、个人追求都渐行渐远。

子亦回想近一年通过写情绪日记、梳理价值观、上人生脚本的基础课,还有闺蜜雪儿给她进行的梦的解析和 OH 卡游戏,这一系列的探索过程让子亦从谷底又慢慢爬了出来,逐渐摘掉层层面具。当外在粉饰的"我"淡去时,她内心中藏着的"小孩"也开始长大,心里内在的"我"的样子缓缓浮现。

子亦整理了一系列资料,寻找自我束缚的根本原因。她最先查到的是归因,一段文字吸引了她的注意力——

> 当人们经历一些事情时,人们的归因不同,所带来的结果也不同。婚姻关系不愉快的人常常对伴侣的非预期行为归因为伴侣有问题。比如伴侣未按时赴约,就归因为伴侣轻视自己,接下来出现的就可能是生气、失望等情绪低落,看到伴侣时很可能忍不住地流露出不满的情绪,这次约会很有可能会以不愉快开始。婚姻关系和谐的人在同样的情景下会归因为客观环境有问题。比如

伴侣的工作有突发情况所以出来晚了，或是路上交通拥堵，接下来出现的可能是担心或急切的情绪，看到伴侣时会表现出欢喜。我们相信，这次约会的气氛会与前面的那个例子不同。

子亦回忆起她和韩岩也发生过类似的事情。她当时就是将韩岩迟到或没记住她交代的事情归因为他对自己的轻视，也正如文中所说，不愉快伴随其后。"归因？！为什么每次别人未按自己所设想的做，或出现不符合自己设想的结果时，我都会直接归因为对方主观有问题呢？在工作和生活中好像都是这样。"

子亦带着自己的问题继续看下去——

当伴侣情绪不好时，如果我们归因为对方就是脾气糟糕的人，我们产生的反应可能是厌烦，创造的场景也许是逃离、抱怨或者指责；如果归因是我们自己做的什么事引起的，我们可能产生的反应是害怕、不安、焦虑，创造的场景是讨好或反击；如果归因是对方遇到了什么不公平的事，我们产生的反应可能是同情，创造的场景也许是安慰和陪伴；如果归因是对方曾遭受过很大的打击或伤害，我们产生的反应可能是怜悯和心疼，创造的场景也许是包容和体谅。

子亦感觉这条内容就是专门写给自己的。她不由得叹了口气，对自己说："信子亦，为什么你会常常误读韩岩的情绪？误读为生气之后，为什么你总是认为是自己做错了什么事？为什么你采取回避的态度不去搞清楚状况却反击呢？为什么你没有想到韩岩即使生气也是他自己的事情，你为什么不把他从生气的旋涡中拉出来，而是把自己也推进那个旋涡呢？"

子亦在问自己时，隐约有答案在脑子里闪过。她继续寻找着，希望解开这些谜题的答案。

坚守的信念带给你不同的世界

子亦被一个心理学术语所吸引。"信念固着现象"，这个专业术语是从闺蜜雪儿那听来的。雪儿曾说："我们真的相信什么，我们就会因我们的相信创造出各自不同的世界。"子亦当时说："怎么可能？你相信自己可以中千万元大奖，就真的可以中奖吗？那岂不是痴人说梦都成了现实？"

雪儿笑笑说："我说的是主观世界，同样身处白雪皑皑的冬季，有人创造出重生的景象，有人创造出绝望的景象。信念固着现象是心理学的一个专业术语，你可以了解一下。"

子亦检索到了相关的内容——

心理学上有一种现象被称为信念固着现象，是指人越是极力证明自己的信念和解释是正确的，就对挑战自己信念的信息越封闭。好像在人的头上长了无形的天线，它有固定的频道，只接收那些自己想接收、愿意相信的信息，而这些信息又反过来让自己更坚信自己的信念是正确的。

我们的信念和解释在很大程度上会影响我们对事情的判断。在通常情况下这些信念会让我们有所收益或是规避风险，但在某些情况下我们也为此付出代价，即我们被自己的信念束缚，深受其困。

子亦反复揣摩着这段话，想自己头上的无形天线是什么频道？她脑子里不断地蹦出一些信念——

"女人要有社会价值,才会被尊重。"

"要坚强,你示弱给谁看?"

"示弱就是输了。"

"一辈子碌碌无为很丢人。"

"要理智。情绪化是不成熟的表现。"

"靠自己,不要指望别人。"

"处处有风险,行事要谨慎。"

"少说多做。太张扬的人没什么好下场。"

"要有能力,不能被人看不起。"

"低调谦虚的人才是有素养的人。"

"得合群,否则会被孤立。"

"别人不说同意,就是拒绝,不要再打扰别人。"

"不要轻易相信陌生人,不要轻易和陌生人交流。"

…………

这些信念怎么来的,是什么时候存在于脑海里的,子亦并不是很确定。现在她回头想想,这些信念像一个个灯塔指引她前行,又似一个个包袱背在身上让自己觉得沉重。这些信念又是如何影响自己与他人的互动,影响个体对客观世界的主观感受呢?子亦沉浸在自己的思考中。

手机铃声打断了子亦的思绪,是闺蜜莉莉的电话。一接通电话便传来了莉莉那爽朗的声音,子亦忙把手机拿到离耳朵远一些的位置,对莉莉说:"你兴奋什么呢,吵死人啦!"

莉莉哈哈地乐着,依旧大着嗓门说:"我们单位安排我去新加坡考察,你要不要跟我一起去散散心呀?"

子亦明白,自三个好朋友重聚后,莉莉和雪儿知道了她面临着一些困扰，之后便格外关心她。雪儿称中国心理咨询市场前景广阔，她将在国内多留一段时间进行考察和开拓。三人之间的联系比之前频繁很多，像回到了高中时代。

"你家两个儿子怎么办？"

莉莉开心地说："有我爸妈呢，几天的时间没问题的。"

子亦笑笑说："那你们夫妻二人不享受一下二人世界？"

"他也想呀，可惜他手头上的项目正在关键期，离不开。那就别怪我不带着他啦，哈哈！"

"可惜我走不开，刚休过假，不好再请了。"

"哎呀，那好吧，本来也对你这个大忙人没抱太大希望，我找别的朋友好啦……"

子亦曾认为莉莉是她们三闺蜜中最需要改变的一个。子亦觉得莉莉太不求上进，时不时地劝她要多学习，拼事业，别总瞎玩。她还认为莉莉太善良单纯，想法太简单，容易轻信他人，没有自我保护意识，所以也时不时地帮莉莉分析一些人和事，帮她拿主意，替她做决定。

近两三年子亦却时常羡慕她了。莉莉总是大大咧咧，没心没肺地大笑，有时子亦都很奇怪莉莉的笑点怎么这么低，一个细小的点都可以让她乐呵很久。子亦通常会无奈地看着她，心想这姑娘又开始犯傻了，但又特别羡慕她可以开怀大笑。莉莉的笑容是那么灿烂，有生机，让子亦不由得想起金灿灿的向日葵。

子亦和莉莉曾经一起去美国旅游，当然也是为了看望雪儿。行程中时常会偶遇中国人，莉莉总是主动和他们打招呼，帮他们拍照等，如果知道别人的下个目的地与自己相同，她甚至还会邀请对方同行。如果碰到当地的居民打招呼，莉莉也是热情地回应；如果对方的服饰很有特点，莉莉还会盛邀对方合影留念。在当地特色集市上与小商贩讨价还价、攀谈聊天，也是莉莉喜欢的。每每遇到这样的情景，子亦都是旁观者，礼貌性地笑而不语。不阻止也不参与莉莉的"小爱好"，但会略有些紧张地观察着周围的情况，暗自打量着陌生人的举动。事后子亦会提醒莉莉小心些，不要和陌生人走得太近。莉莉总是笑笑说："他们一看就不是坏人，放心吧！"子亦只好由着她，但又担心她不知深浅惹祸上身。子亦一度认为莉莉因从小被宠惯了没有防范意识，现在则意识到，是自己心中有个强烈的信念认为这个世界是充满危险的，而莉莉是安全感很强的。莉莉内在的强安全感让她有智慧看到陌生人的善意和真诚，从而可以享受旅途中偶遇带来的惊喜与兴奋。

而子亦在与陌生人的交往中充满了怀疑、警惕和防备，对其建立起信任感需要花比较长的时间，在交往中不断地察其言观其色，以随时在心里准备好对策。当不太熟悉的人夸赞她时，向她表达希望加深友情的意愿时，送礼物表达祝福时，她的这一信念使得她的戒备心很强，而难以相信别人是真的喜欢她这个人，更愿意相信别人是对她有什么所图。

以往子亦曾有几次发现别人对她有所图的动机和行为，并及时采取措施止损避险，这些让她受益的风险敏感性又加强了。她的捕捉世界是充满危险的信息的"天线"，不断验证自己的信念并固守。

子亦的朋友不多，能真正交心的只有高中就在一起的雪儿和莉莉。工作后几乎只有同事、客户、合作伙伴。子亦与他们的交流话题也只是放在工作或与之相关的内容上，很少谈论自己或者较私人一些的话题。周围的人觉得子亦很专业但是有些高冷，总有一种拒人千里的礼貌性的微笑挂在她的脸上。

挂了莉莉的电话，子亦的思绪又回到了"信念固着现象"上，她想起刘慈欣写的小说《三体》中提到的思想钢印。当一个人的脑子里被植入"水是有毒的"信念时，那个人就拒绝喝水，无论别人怎么给他示范喝水是安全的，他都视而不见。他的生命体征已出现警报后，别人强劝他喝了水，他的身体也会强烈抗拒，把水都呕吐出来。

"当一个人执着于某个信念时，真的可以无视客观的世界，完全活在自己主观创造出的世界里，即使自己的信念让自己遍体鳞伤，也意识不到要放弃它。"想到这些子亦的身体下意识地缩在一起，房间里极为安静，仿佛这个世界只剩下子亦一人。不知过了多久，子亦重新坐直，在"信念固着现象"后面重重地写下："我创造了我的现实。"

停了好一会儿，子亦接着一笔一画地写下："我可以创造我的新现实。"子亦仿佛要把这句话像思想钢印般植入自己的脑子。

看到即是新的开始

子亦把这段话发给雪儿，并跟上一句："我怎么样才能创造我的新现实？"雪儿回复说："亲爱的，看到即是新的开始。"

雪儿与莉莉的风格不同，大多数情况下她更喜欢静静地听别人说话，这并不是说雪儿内向，而是她很享受听别人说话。雪儿有时抛出一个有意思的话题，然后她就专注地听每位参与者讲些什么。雪儿在大家谈话热烈的时候会插入一段小总结，通常是一些听上去很有哲理的话，被大家戏称为"雪式金句"。有时雪儿会提些问题，好像给参与谈话的人打开一扇新的窗户，让群聊的氛围更浓了。

子亦细细品着"看到即是新的开始"，不理解这句"雪式金句"的深意指什么。

雪儿随后发来一段语音解释："还记得心智模式吗？就是人们处理与自己、他人和世界关系的模式。人们的心理过程是看不见的。我们看到的只是人们的所说所做，并以此去推断他们的情绪、需求、动机，等等。我们会依据自己的推断快速做出反应。而且在相似场景下我们的推断和反应是类似的，形成了我们特有的心智模式，看到的现实也就因人而异啦。

"客观现实是人的心理活动内容的原材料，人心理现象的产生是离不开客观现实的，不过每个人的大脑好像是形形色色的'加工厂'，用同样的原材料加工出来的产品是不同类型、不同形态、不同质量的。

"我曾经接待过一个来访者，刚见面没多久就问我是不是瞧不起她。我感到很奇怪，问她这种被瞧不起的感觉曾经有过吗？对方说一直都有，她老板、前男友、同学还有她父母都瞧不起她。是不是这些人真的瞧不起她呢，有可能是她不断地捕捉、放大或扭曲信息。主观的认知与客观的事实并不一致。也有可能是因原生家庭的影响形成了这种自我瞧不起的模式，在与他人的互动中无意识地把自己放在姿态很低的位置，然后就真的让别人瞧不起了。"估计雪儿在赶路，语音中有嘈杂的声音。

"几次咨询后，那个来访者看到了自己的这个模式。当她觉得别人瞧不起她时，就会在心里问自己，这是真的，还是自己启动了旧模式。然后她就有意识地屏蔽或正向解读那些她原来认为瞧不起她的信息。现在她的人际关系改善了很多。亲爱的，以前给你做的梦的解析和 OH 卡游戏都是帮助你看到自己心智模式的方式。你越清晰地看到自己的心智模式，你就越有可能掌握主动选择权，成为自己想成为的样子，而不是由旧模式的惯性操控你。我要上地铁啦，你可以读读萨提亚的书，然后咱们再聊。"

子亦对萨提亚的名字不陌生，维吉尼亚·萨提亚是举世知名的心理治疗师，她也是第一代家庭治疗师，从 20 世纪 50 年代起已居于领先地位。萨提亚的冰山理论在心理治疗领域很有影响力。在子亦看到那个萨提亚冰山模型之前，她以为那就是人力资源管理中常提到的在人才招聘选拔时常用的冰山模型，还觉得奇怪，为什么能用招聘选人的理论做心理治疗。之后才发现虽然它们长得都像冰山，但所描述的维度和理念不同。

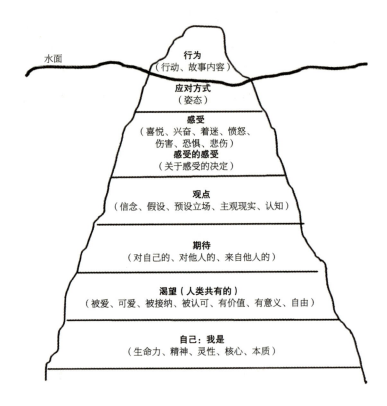

子亦现在了解到萨提亚的冰山理论实际上是一个隐喻，它指一个人的"自我"就像一座冰山一样，我们能看到的只是一个人像冰山在水面上显现出的很少的一部分，即人的行为，而更大一部分冰山不为人所见，恰如人内心的丰富世界。而且内心世界是分层次的，越往底层对人的影响越大，同时也更难让旁人觉察，甚至自己也未必能真正清晰地认知。人们需要做的工作往往是透过"自我"的表面行为，去探索内在冰山。每个人都有自己的冰山，认识到自己的冰山，人生就有可能改变。

子亦似懂非懂，冰山在水面下的这些因素是如何影响一个人的行为的？又是如何影响一个人创造出自己的主观世界的呢？子亦想将这些问题抛给雪儿，期待下次与雪儿见面时能聊出答案。

子亦对于萨提亚的一些话印象很深刻且颇为触动。萨提亚强调，每个人都要为自己内在的冰山负责。不仅要为自己的行为负责，也要为自己的感受、想法、期待、渴望负责，还要为自己的自我价值感负责，因为这些都是每个人自己选择的，而且都属于每个人自己。我们需要学会不拿自己的世界去与别人的世界进行比较，不用自己的标准去要求别人，放下评判，尊重别人，别人只是与我们不同而已。人们所要关注的就是为自己的内在冰山负责。

"看到即是新的开始。"子亦在心中又在重复雪儿说的那句话，"我如何才能够看到呢？冰山下未知的内容都有什么呢？"

子亦带着疑问坐上开往上海的复兴号列车。

觉察期待与渴望

子亦和雪儿见面是一个月以后了。虽然现在同处一个城市，但两个空中飞人能在周末见面却并不容易。她们相约去近郊共赏红叶。子亦问韩岩和悠悠要不要一起去，韩岩说悠悠最近几次考试成绩下降，周末最好在家学习。子亦听完心生愧疚，但她很想和雪儿聊一聊，于是她补偿式地承诺会尽早回家，并会带好吃的回来。

由雪儿驾车。雪儿很喜欢开越野车，她觉得在城市中平坦的高速路上驾车没有愉悦感。她喜欢驰骋在崎岖不平的戈壁滩似的路上，或者是蜿蜒盘旋的山路上。子亦好奇是什么让雪儿有了这样的"小癖好"。子亦很欣赏雪儿的聪颖，但更喜欢她洒脱、坚定、果敢的生活态度。很多让子亦觉得棘手的事情，或者是理不清头绪的状况，雪儿总能用几句话就点到要害，让子亦有一种豁然开朗的感觉。

子亦坐在副驾驶的座位上欣赏着沿途的秋色。连绵的小山像被艺术家泼上了颜料，层林尽染，像一幅巨大的油画映入子亦的眼帘。子亦感叹道："这里的秋色太惊艳了！雪儿你相信吗？近十多年来，我都没有像今天这样特意欣赏过秋景。秋天对我来说好像就是一个时间轴上的里程碑，是我工作或生活计划表里的一个符号。这个符号常常令我感到时间流逝得好快，年底将至，还有很多事情未完成或不尽如人意。"

雪儿笑了笑说："你是不是会在一年的最后一天盘点一下这一年有什么样的收获和成长，然后感受一下这一年自己的成就感和价值感如何？"

子亦惊奇地问道："是呀，你是怎么知道的呢？"

"有一年的最后一天，我看到你在朋友圈里晒了一下当年读了20多本书，因而猜到了你有这个习惯。"紧接着雪儿问："记得萨提亚的冰山图吗？你现在想一想，你的这个习惯背后是由冰山下的什么影响的呢？"

子亦沉思了一下："从渴望层面讲，我渴望得到认可、尊重，还有自我价值的实现。从期待层面讲，我期待成为优秀的人，能够赢得别人的敬重和欣赏。从观点层面讲，可能是有不进则退，不成长就会被淘汰，以及太平庸会被人瞧不起的想法。从感受层面，我一时还说不清楚。"

雪儿接着说："我猜你在实现年度个人目标的过程中常感到疲惫和烦闷，轻松愉悦之类的感受会比较少。当然你很可能感受不到，在这个经历中，点点滴滴的挑战也是一种享受。"

稍停了一下，雪儿接着说："如果这个目标没有达成，你可能会长时间觉得沮丧和自责，但是达成目标后的喜悦心情却只能短暂持续。你将会设定一个新标准，让自己攀登，以寻求成就感。"

"是这样，这有什么不正常吗？我觉得大部分想要成长且获得成就的人，会和我的感受差不多吧。"子亦脱口而出。

"如果那些人和你一样，行为背后的情绪是恐惧，就会有相似的感受。"雪儿微笑着用余光看了一眼子亦诧异的表情。

"你是说我的行为背后是恐惧。"

"嗯，如果你的行为背后是喜悦，你感受一下会有什么不同？"

子亦的眼睛盯着车窗外。路旁的银杏叶在阳光的照射下显得金灿灿的，飘落中的叶子像自由飞舞的蝴蝶，从容又愉悦地投入大地的怀抱。

子亦转过头突然问："你说的'看到即是新的开始'是真的吗？"

雪儿点点头："看到是一种觉察，觉察永远是改变的第一步。先觉察，当你在做出应对模式中的行为时，你在各层次的冰山体验里发生了什么，冰山的各层次中包含些什么。"

"然后呢？"

"选择一个容易转换的层面入手，慢慢对整个冰山做出转换。"

"容易转化的层面，我自己不太确定，怎么办？"子亦恳切地问。

"你还记得萨提亚提到的应对模式吗？"

子亦回忆着说："是指责、讨好、超理智、打岔和一致性这五种应对模式吗？"

雪儿哈哈笑着："你还是原来的那个学霸，你可记得真清楚，没错。你认为自己在大部分情况下采用的是哪一种应对模式呢？"

"嗯，估计是指责偏多。"子亦抿着嘴做了个搞怪的表情。

雪儿分析道："指责型应对模式的人通常在期待层面有障碍，对自己和别人都有很高的期待，并且认为人们应该满足这些期待。当自己和别人未满足期待时，愤怒、沮丧、不信任、孤单的感受就会涌现。当然，符合指责型应对模式的人有其特有的优势，比如有领导力，有能量，行事果断。不过，这种应对模式会伤到别人并且伤害到彼此的关系。如果你认为自己的应对模式是指责型，你可以从期待这个层面入手，觉察自己真正期待的是什么，转化时要明白期待是属于自己的，只有自己能为自己的期待负责，而不是要求别人满足你的期待。"

"如果应对模式是讨好型的人呢？"

雪儿笑着说："你不会认为自己是讨好型的吧？我可一点儿都没有享受到你的这一特点呢。"

子亦立刻怼了回去说："你不配享有，快点说吧。"

雪儿乐道："一物降一物呀。"雪儿接着略认真地说："应对模式是讨好型的人通常在感受层面会有困难。他们习惯于压抑自己的感受来讨好别人，所以会忽视自己的情绪，比如内心的委屈、悲伤、害怕、焦虑等，特别是他们会压抑自己的愤怒。讨好型的人首先要对自己的情绪有所觉察，并与之联结。同样，转化时要认识到感受是属于自己的，接纳自己的情绪并对自己负责。"

"大部分男性是不是超理智特点比较突出呢？"子亦问。

"与女性相比，他们的比例是高一些。以这个超理性型应对模式为主导的人通常有学识、有逻辑，爱思考，思想也有深度，但是有时会先入为主、固执己见，而且以说服别人为乐趣。"雪儿微微地笑着接着问："想到是谁了吗？"

子亦说："韩岩？"

雪儿哈哈笑着："是你，信子亦。"

雪儿："每个人都有自己的主导模式，但是萨提亚提到的五种应对模式，可能会出现在同一个人身上，这个人可能会在某些特定的场景中无意识地采用某种应对模式。所以你可以有意识地觉察自己在什么情况下会启动什么样的应对模式，以及应对模式背后的各冰山层面是什么样的。"

"怪不得我觉得自己这个也像，那个也像。"子亦一副得到解惑的样子。"那以超理智型为主模式的人如果要改变的话从哪个层面开始呢？"

雪儿："超理智型应对模式的人是最难改变的，通常他们坚持的是自己的信念或观点，如果在这方面有突破，会比其他模式的转化速度快很多。"

子亦"信念固着现象？"

雪儿："看样子你是做了一些功课的。我再给你讲个有趣的心理学实验吧。有一位心理学家请一些大学生作为志愿者，分批让化妆师在他们的脸上画上很吓人的刀疤，然后让每个志愿者观察并记录，当他出现在校园时其他学生看到他时会有什么样的眼光、表情和反应等，再回来反馈给心理学家。化妆师的技术很好，每个志愿者在镜子中看到自己的'刀疤'面容时都被惊到了。当他要走出化妆室的那一刻，化妆师将他拦下，说要再补补妆，而实际上在志愿者不知道的情况下化妆师把'刀疤'给擦拭干净了。志愿者这次没有机会看镜子，在他的认知中自己的脸上还有很明显的'刀疤'。这些志愿者在学院转了一圈后回来反馈，有的说别人被吓得躲着他走，有的说别人看了他一眼，厌恶的表情立刻显现出来，都不愿意再看他第二眼。有的说自己从来没有这么威风的感觉。"雪儿停了一下问："这个实验让你悟到了些什么？"

投射效应让人们用自己的感知推测别人的感知

子亦说："每个人的心里也有这样的'刀疤'，而且用带着'刀疤'的自我认知去感知别人对自己的感知？"

雪儿："是的，这是典型的投射效应。因为你是这样觉得的，所以你认为别人也应该是这样觉得的。我常调侃朋友，不要以为你以为的是你以为的。有些人有将自己的特点归因到其他人身上的倾向，在认知和对他人形成印象时，以为他人也具备与自己特性相似的现象，把自己的感情、意志、特性投射到他人身上并强加于人，即推己及人的认知障碍。"

"再说得学术一些，投射是一种看不到的、存在于人们自身中的行为。投射不是有意识地主动进行的，投射的发起者是具有自主性的无意识心理内容，这些心理内容具有自发地反映自己、进入意识的功能。投射的功能起到了潜意识表达的作用，潜意识通过这种办法使我们的心灵得以沟通。这里面最有意思的是人们有时没有意识到自己固守了什么样的'刀疤'，一直向外找原因，觉得别人要对自己的各种情绪、感受负责。"雪儿谈起自己的专业内容时明显比平时的话多了些。

"现在彻底理解你说的'看到即是新的开始'是什么意思了。首先，当我看到我内心中的'刀疤'时，我会意识到是因为我按照自己对'刀疤'的感受推测了别人对我的感受，所以是我创造了我的现实，而不是客观现实。其次，当我看到内心的'刀疤'时，我才有机会去擦拭它，不再受它的影响或牵制，更自在地选择自己想成为的样子。"子亦有些兴奋地说。

雪儿乐了："你顿悟啦！在大脑层面理解、接受，是好的开始。这一步相对比较容易。从心理层面来看，完全地接纳和活出新的状态需要一个很长的过程。有时你觉得自己明明知道，但不知为什么就做不到，有时刚做到又在某个时刻退回原形。我们需要刻意转化但又要顺其自然，不要强求，更不要自责或放弃。自身的变化是一点点的，就像我们小时候长个子一样，每天都没什么感觉，一段时间过后，猛然发现自己长高了。"

子亦感谢雪儿说这段话，她知道雪儿希望自己放下焦虑和急切感。雪儿太了解子亦了。子亦决定做什么事时对自己都高标准、严要求，目标明确而且急于求成。但是自我心智模式的认知和转化这件事欲速则不达。

自我暗示向潜意识传递积极的信号

子亦问:"我知道这件事不能强求,我会慢慢调整,有什么方式可能帮到我吗?"

雪儿:"首先是自我觉察,你之前接触过的人生脚本、OH卡,还有帮你解梦,都是和潜意识对话,这对觉察自己的心智模式有很大的帮助。建议你记情绪日记,你听说过吗?"

"我断断续续地在记,不过坚持得不是太好。"

"你的情绪日记的结构是怎样的?"雪儿关心地询问。

"我的情绪日记包括ORID四个部分。"

"这个挺好的,你可以再补充两块内容,就是萨提亚冰山模型中的'期待'和'渴望',觉察你内心中的期待和渴望。如果是与韩岩、悠悠相关的事情,你可以写下你认为他们的期待和渴望可能是什么。"

子亦认真地记下,然后问:"其次呢?"

雪儿说:"你相信自我暗示吗?"

子亦笑笑:"听上去怎么有些阿Q精神的感觉?"

"你想偏啦。不过正常,很多人都对此有所误解,所以采取不相信的态度。"雪儿接着说:"自我暗示是指透过五种感觉(视觉、听觉、嗅觉、味觉、触觉)给予自己心理暗示或刺激,是人的心理活动中的意识的发生部分与潜意识的行动部分之间的沟通媒介。它是一种启示、提醒和指令,它会告诉你注意什么、追求什么、致力于什么和怎样行动,因而它能支配和影响你的行为。这是每个人都可以拥有的魔法。我们常说的心态决定命运,就是以自我暗示决定行为的事实为依据的。"

"当然我不是说自我暗示能够解决所有问题，亚里士多德有个比较中正的说法，'一个清晰的想象促使身体服从它，这正是行为的自然原理。想象实际上控制着所有感知力，感知力又控制着心脏的跳动，而且通过它激活所有生命机能。因而，整个机体是可以被改善的。尽管如此，这个想象无论多么清晰，它也不能改变一只手、一只脚或者其他器官的形态。'"

"那要怎么做呢？"子亦好奇地问。

"别急，我先告诉你一些原则。我们的潜意识可以接收来自我们意识层面的语言或词语。自我暗示可以默不作声地进行，也可以大声地说出来，还可以在纸上写下来。只要每天做10分钟自我暗示，就能逐渐改变我们的心智模式。越经常性地、有意识地进行积极暗示，我们就越能够容易构造出一个积极的现实。"

雪儿停顿了一会儿，像是在思考如何解释能让子亦听得更明白："我们说更多的正向的语言，就可以给我们带来更多的正向收获。比如把'我在减肥'换作'我在保持好身材'。潜意识不会区分你、我、他，当一个人常说别人'你很笨''他很懒'的时候，潜意识听到的是'笨'和'懒'，它会认为这是在对它传递信息，而时常说这话的人也会很糟糕。所以更多地欣赏别人，向别人讲有趣的事、欣赏的语言，这些词语慢慢就会在你的潜意识里形成你的样子。"雪儿说得饶有兴趣，而子亦听得将信将疑。

雪儿接着说："潜意识喜欢接受指令，而不是接受索取。比如你说我想成为一个有钱人，那其实是在告诉潜意识你不是一个有钱人。我们要改说成我是富有的人。如果你不断地跟自己说我想要快乐起来，那潜意识接收到的是你不快乐。我们要学会跟自己表达我是快乐的人。"

"是不是真的呢？"子亦说："那想发财的人只要天天念口诀就好了。"

雪儿哈哈笑着："有些事物就是首先被人想到，然后才能在客观现实中显现。我们前面已说过信念固着现象对人的影响。在医学上也有很多用安慰剂治好病的案例。如果那些想发财的人只是念念口诀，而内心中并不坚信自己能发财，那也影响不到他们的潜意识。如果他们真的坚信了，那么他们就会认同并践行富人的信念、思维、行为模式了。"

"有些道理。"子亦还是有些不确定地回答。

"没关系啦，你如果愿意，可以尝试每天做10分钟的积极暗示，反正没有坏处，也没有损失。万一有用呢，你不是很赚！"雪儿的风格之一，从不执念和强求。

"还有什么其他方法吗？"子亦接着问。

对同一事件，不同的解释导致不同的结果

"还有两个，一个是治标的方法，心理学称ABC法则；另一个是治本的方法，既简单又复杂，它叫'接纳自己'。"雪儿兴头十足，感觉像是在给学生上课。

"今天就先讲ABC法则吧，一个管理者给其两位下属甲和乙分别进行工作辅导，辅导的内容、风格和形式等都相近。甲离开管理者办公室时表现出沮丧且有些愤怒，接下来展现出的行为是之后的几天都不愿意主动找上级探讨工作。乙离开管理者办公室时却是喜悦与感恩的状态，接下来几天都很主动地向上级请教一些问题。事件都是管理者对下级的辅导，甲乙两个人的情绪和行为却完全相背离。

"以上这个现象是什么原因呢？根据美国心理学家艾利斯提出的ABC法则，A表示某一客观发生的事件，B表示人们针对此事件产生的一些信念，即对此事件的一些看法、解释，C表示人们产生的情绪和表现出的行为。通常人们认为自己的情绪（C）是由某一客观事件（A）引发的，而实

事上是由自己的一些信念（B）所造成的。"

雪儿扭头看了一眼子亦接着说："你有什么猜想？"

子亦说："是不是因为在甲的信念里或价值判断里，他认为管理者辅导他不应该怎么做，以及要如何改善，是对他不认可和不信任的表现，所以他有沮丧和愤怒的情绪，而且不愿意再让这样的情景重现，便采取避而不见的态度。而在乙的价值判断里，他认为管理者愿意拿出精力和时间专门指导他如何开展工作，是重视和培养他的表现，所以乙的情绪就是喜悦与感恩，以及更愿意主动请教管理者。"

雪儿："学霸！那么 ABC 法则对你有什么启发？"

子亦："觉察自己的 C 是由什么样的 B 引起的。内心中要先判断这个 B 是不是合适，对 A 有没有其他视角，从其他视角还可以产生哪些不同的看法和解释。还有，自己要成为 B 的主人，有意识地选择合理的 B，而不是无意识地被自动生成的 B 牵着跑，使自己生气、愤怒还怪罪别人，然后认为这个世界对我不友善，哈哈，受害者情节上身，接下来报复世界，再被世界报复，最终含恨而终。"

雪儿大笑道："我看你是戏精上身。前半段还在调上，后半段加戏太多了。醒醒吧。"

子亦笑完："我知道要怎么做了。你再说说那个治本的方式'接纳自己'是怎么回事？"

雪儿："下次吧，快到目的地啦，先好好放松，欣赏秋色美景吧。"

子亦和雪儿穿过金黄色的芦苇，漫步在铺满红叶的山中小路上，静静聆听着小鸟和落叶合奏的乐章。空气中弥漫着大自然的清香。子亦深深吸了一口气，抬头看着透过树叶的斑点般闪烁的阳光，不由得赞叹："原来秋色可以这么美。"

练 习

1. 归因：关注自己在什么情况下归因为主观原因，在什么情况下归因为客观原因，审视自己的归因是否合理。

2. 信念固着现象：关注自己所执着的信念都有什么，记录并分析哪些对自己有益，哪些对自己无益，哪些需要放下，哪些需要保持。

3. ABC法则：尝试对事件（A）用不同的信念（B）去看待，观察情绪（C）会有什么不同。觉察自己的B，审视其是怎么形成的。自主选择B，而不是被B牵引。

4. 查阅萨提亚的应对模式和冰山理论，观察自己的主导应对模式。"看到即是新的开始"。

5. 在原来的"情绪日记"中补充对"期待"与"渴望"的觉察。

一、描述具体发生的事情（O）	二、你的感受（R）
	三、你是怎么诠释这件事情的（I）
	四、你打算接下来如何处理（D）
五、我的期待	
六、我的渴望	

第十章

使我痛苦的曾经一直在保护着我
——接纳成长历史

来时恰恰好

工作上的努力有了些成果,该处理和推进的事一项项地解决了。延期的项目终于与客户高层进行了顺利的沟通,并且客户方也做了决策,项目进度在后期追了回来。跟进的几个项目谈成了两个,开始走合同流程。团队中坐板凳的顾问们都被安排了项目,开始准备项目的启动,自然也没有了被裁的危险。

子亦悬着的心终于落了下来,正巧她之前报名的人生脚本工作坊也终于开课了。

周末晴朗的早晨,子亦迎着温和的阳光走在大学校园里。走进工作坊的教室,子亦看到了几张熟悉的面孔,是参加过上一次工作坊的伙伴。

她坐在一个看似年龄相仿的女性旁边，点头示意打了个招呼。那位女性更开朗主动一些，对她说："你上次也来过吧？"

"是，你好！"

在随后的交流中，子亦了解到她叫原青，曾在企业做高管，之后自己创业。

这次的老师是一位来自欧洲的心理学博士，一位70多岁但依然神采奕奕的优雅女士。她问大家什么时候会感觉自己被困住了。

子亦刚刚经历了"被困住"的状况，那种感觉像陷入泥潭，无助、无力，越挣扎陷得越深，感觉周围一切都是黑暗的。幸好，她遇到了艾伊，把她拉了出来。

老师看向她，她示意了一下，说："在面临问题但自己没有解决问题的能力的时候。"

老师点点头。又有人说："当认为不能这样、不能那样的时候。""想行使自己自由的权力，却不能为此负责的时候。""没有选择的时候。"

老师又问："是什么限制了你？"

一片沉默。

一个声音不确定地说："是我们的人生脚本吗？"

老师没有直接回答，而是讲了一个故事。一个人的一条腿因事故被截肢，装了一条木腿。于是他什么也不做，他总说自己什么都做不了，因为他有一条木腿。这个人不愿丢开木腿的原因是什么？是不愿放下伤害。

"人生脚本也是一样，我们的人生脚本是由父母和生长环境影响而形成的，可能限制了我们的思维和行为，但如果我们一直抱着人生脚本不放，把责任推给父母，不原谅父母，便是我们自己将自己困在人生脚本中。

"有句话是'你不能在松树上找到苹果'。我们要相信，父母已经给了我们他们力所能及的所有！"

子亦沉思：我抱着木腿不放了吗？好像是的。一方面，认为父母重男轻女，自己是不重要的；从小被灌输应该把好的都留给弟弟，总觉得自己不配拥有好的事物，所以被动、不自信。另一方面，自己内心又不服气，倔强地努力着，总想向父母证明自己不比男孩子差，希望得到他们的认可，为此不断要求自己做得更好、再好……

但转念想，父母也是被环境所影响，他们确实已经把最好的给了她和弟弟。他们辛苦工作，操劳家务，供她和弟弟读书，他们不曾享受过什么，生活很简朴。现在年纪大了，身体不好了，却还在为儿女操心。

反观自己，也是一个母亲，又做得怎么样呢？悠悠的情绪起伏也是一种控诉，在试图告诉她什么。所以，自己不是一个好母亲，很可能限制了女儿的人生。

随后，在互动的环节中，子亦听到了别人的故事。

一个很文静的年轻女性，她的父母在她8岁时离异，她和母亲生活，母亲不允许她和父亲相见，并一直在她面前指责她父亲。她在28岁时终于见到病危的父亲，但那也是他们的最后一面。

一位胖胖的男性，他出生在贫穷的农村，家里孩子多，他被父母送给了亲戚，几年后又被送给了另一家，之后又被送，在未成年时多次被抛弃。

一位中年女性，她的父亲在她很小时去世，母亲带着她改嫁，继父对她有虐待和性骚扰的行为，她离家出走，不承认继父的存在，但继父却不断向她要钱。

…………

听完这些分享，子亦在理解他们的同时，顿感自己其实是很幸运的。她没有遇到抛弃、不完整的家庭、虐待等严重的伤害。当年，她只不过是普通家庭中的一个有着普通烦恼的孩子。现在，她要解决的也不是修补伤害，而是为了更好地成长。

"历史是我们的一部分，"老师说，"不需要遗忘，需要原谅。我们改变不了过去，可以改变的是对过去的解读，对世界的解读。只有觉察到这一点，才能更好地走出原来的人生脚本，进入新的人生脚本。

"理想的父母是不存在的。我们能做的，是用一个有全新父母的自我状态抚育自己，也就是说学习做自己的好爸爸和好妈妈，形成新的人生脚本。"

老师接下来介绍了负面的教养风格和正面的教养风格，以及孩子服从的风格，并针对不同风格做了转化练习。

学员中有过度批评型父母的人是最多的，老师请有此类父母的学员集中到教室前面，子亦和原青也在其中。老师让学员们站成一圈，以自己父母的角色开家长会，评论自己的孩子。只见原青正色道："我们家小青这次考试虽然第一，但还是很让我失望，才99分！为什么不能满分呢？还是不认真！我还听说学校想让她参加区里的活动，当主持人。我告诉你啊，老师，这事儿我可不同意！不能因为别的事情影响了学业，她必须把全部注意力放在学习上才行！"

子亦忍俊不禁。

原来原青的父母是如此严厉。

自己的父母是什么样呢？子亦对父母开家长会的印象并不深刻，她想了想，也许是这样的：

"子亦虽然学习成绩还可以，但还是存在马虎的问题。另外有些偏科。但她最大的问题是太内向，性格又倔，不会说话，不能主动和老师、同学搞好关系。"

学员们按照各自父母的状态开完家长会后，老师让大家转换回自己的角色，围坐在一起，互相对话谈感受。

原青说："我是独生女，母亲是老师，对我要求格外严格，但我不管怎样都不能让她满意。从小到大，甚至到现在，我一直感觉没有自由，被紧紧地束缚着。"

有人听她讲究忍不住点头表示理解，子亦也感同身受地向她投去安慰的目光。

轮到子亦发言时，她说："我父母内心要强，但受环境和时代所限不能如愿，于是就把希望寄托在我和弟弟身上。在他们的观念里，孩子做得好是应该的，表扬会让孩子骄傲，批评才能让孩子进步。所以我会不自信，总觉得自己不够好。甚至当听到别人的夸奖时，也不好意思接受。我跟自己说，自己对孩子一定不能这样，但今天我突然发现我在无意识地沿用我父母的模式，这可能也是我和孩子现在相处不好的原因。"子亦说到这里有点说不下去了。

老师回应道："这是一个非常好的发现！如果没有意识到人生脚本，就会不自知地不断重复人生脚本，有些人会归因于命运。只有看到人生脚本，才能有意识地主动选择改变它，使它不会在家族中不断重演。"

子亦点头，然后问老师："那应该怎么改变呢？"

老师说："我们可以学习做自己的好爸爸和好妈妈，将父母负面的教养风格转化为正面的教养风格。比如父母是'过度批评型'父母的孩子，成年后可能一方面像艺人手中的玩偶一样总认为自己这样不好、那样不好，会过度努力工作甚至会生病，另一方面又会像自己父母一样经常批评指责别人。其实限制在教育中也是十分重要的，它建立了一种结构化的界限，如果没有界限，便是很松散、没有原则的教育。但过度批评型的教养风格在界限上过度限制了。我们要改变的话，首先要打破界限，让自己转化为'通情达理型'父母，及时肯定自己，支持、爱护自己。"

"老师，如果父母是过度保护型的，就应该划定界限了是吗？"

"是的，要鼓励自己勇敢去尝试。"

老师让大家手拉手，闭上眼睛，彼此传递能量。子亦从身旁原青的手中感受到传递过来的力量，她不禁用力握了握原青的手。

一群已经成年，甚至已经成为父母，但还未走出上一辈教育影响的大人，此刻在群体的滋养磁场中，尝试着抚育内心的儿童自我。

……

最后，老师让每人写两封信：一封给父母，一封给自己，要写出原谅的事。

子亦感觉有很多话想对父母说，她快速地写着——

    亲爱的爸爸妈妈：

    感谢你们尽你们所有辛苦养育了我和弟弟，你们对我的批评和忽略让我更加努力想证明自己，而这也是我走出家乡在大城市的大企业里走到现在的原因，你们塑造了现在的我。

    以前的我总认为自己在成长过程中是不开心的。现在，我理解了，你们只是传承了你们成长环境中的养育风格，我认为的教育伤害其实是我自己抓着界限不放。如果我一直不能放下，我其实也成了你们。

    所以，我将原谅你们对我的过度批评、情感忽略，这样我可以全然感恩和接纳你们，同时修复好我自己，更好地教育我的孩子。

                                爱你们的小亦

然后子亦给自己写信。她的速度慢了下来，她闭上眼沉静下来，感受内心的自我。然后，睁开眼，开始写——

Hi，小子亦，好久不见。

请原谅我把你禁锢了那么多年，似乎从5岁那年弟弟出生后，你便被忽视了。你被挡在一个长大懂事的我后面，不敢索取好吃的、玩具、礼物和爱，不敢顽皮、撒娇。偶尔，在安全轻松的环境里你冒出头来，露出孩童的一面，却又会被成人的我推回去，告诉你不该如此。

欢迎你回来，和我并肩前行吧。我会用现在的我更好地抚育你，你受过的伤害我会帮你修复。你可以更多地展现可爱、纯真的原貌，你可以享受、快乐、顽皮、撒娇，你有权力得到这些！不要担心，从现在开始，有人欣赏你，支持你，陪伴你！

自信地笑吧！（子亦在旁边画了一个吐出小舌头的笑脸）

你永远的大子亦

写完信，子亦眼前浮现出父母看着她时的笑脸，和小时候自己开怀大笑的样子。这让她感觉一身轻松。

工作坊结束后，原青邀子亦和其他几个学员一起吃饭，作为庆祝改变的仪式。饭桌上大家互相自我介绍。子亦惊喜地发现，原青和几个学员都是学教练时认识的，这次结伴来上工作坊。

子亦好奇地问他们在哪里学的教练，学教练后有什么体会，教练可以怎么应用等问题。他们很认真地一一解答，并且子亦很喜欢她们之间相处的氛围，轻松、自然、愉悦、相互欣赏。

他们让子亦想到了艾伊。

她想把今天在工作坊中的收获和艾伊分享。

成于斯，败亦于斯

艾伊亲切地拥抱了子亦。子亦的少许局促在拥抱中被化解，她的肢体亲昵总是远远落后于心灵亲昵。

艾伊看着子亦说："感觉和上次见面时相比，你的状态轻松了。"

子亦用力地点点头。

第一次遇到艾伊时，是在她最迷茫困顿的时刻，艾伊的出现像一束阳光，照亮也温暖了她。

她感觉今天的艾伊也比上次初见时多了一些愉悦，看她的目光中饱含欣慰，似乎她未曾开口，艾伊便已懂得她。这让她体会到了来自灵魂的交流。

子亦向艾伊讲述了工作坊，讲述了对父母、自己的发现。艾伊赞许地面带微笑倾听着，当子亦说完，她缓缓地说："正是因为你所经历的一切，才有了这个独特的你呀。"

这话如果在一年之前听到，子亦很可能会觉得是一句无主旨的空话。此时此刻，却倍感感恩。只是，她还是想再清晰一些。

"独特？"她琢磨着这个中性词，是好还是坏呢？

艾伊又读懂她一般问："你想想，是什么特质让你在学业和工作上能取得今天的成果？"

子亦想了想，说："首先应该是坚韧吧。从小被要求懂事、帮父母分担，没有撒娇示弱的机会，什么事都要自己去面对，所以养成了遇到什么困难都会扛过去的个性。即使在很痛苦的时候，也告诉自己要坚强。"

"有让你记忆深刻的事吗?"

子亦眼前浮现出一个场景。

多年前,年轻的子亦坐在客户的一间会议室里。这是她参与的第一个咨询项目,会议室是客户为项目组安排的办公场所,项目组一共四位顾问,他们围坐在会议桌旁,各自对着电脑办公。其中一位中年男性是项目经理,另外三位项目组成员包括一位男顾问、两位女顾问。

项目经理让子亦和另一位女顾问写岗位说明书,这是多年前咨询项目常做的基础活,当然现在企业已经很少让顾问做这样低价值的工作了。子亦要写近百份岗位说明书,她觉得很枯燥。项目经理在思考,会时不时与男顾问讨论,但不会与两位女顾问讨论,似乎认为她们不会有什么观点。子亦忍不住偷偷发信息给对面的女顾问:"女顾问在项目上都是这样吗?女性做咨询是不是不具备优势?"女同事回复说:"习惯就好了。"

子亦不服气,她高效地写完了所有的岗位说明书,然后向项目经理主动要求再做些别的工作。项目经理抱着试试看的态度给她安排了岗位动态管理机制的设计工作,她很开心。

随后的两天,她极认真地准备了方案的 1.0 版本,与项目经理讨论。项目经理告诉她应该调整思路,她根据项目经理的思路改成 2.0 版本,之后再讨论,又被项目经理要求改为 3.0 版本。这样,直到改为 7.0 版本。

某天,作为项目总监的 Jerry 来现场,子亦向 Jerry 汇报了 7.0 版本,Jerry 觉得有些问题,项目经理突然跳出来说:"子亦啊,你这个方案不行,你没经验,没想清楚吧,应该是……"子亦发现,他的思路回到了 1.0 版本,而 Jerry 也认为 1.0 版本比 7.0 版本更简洁、便于执行。子亦百口莫辩,也不想辩解什么,她气得没有跟项目组去吃饭,饿着肚子当天把方案改完。

Jerry 吃完饭回来，单独找她出去。她默默地跟着 Jerry 走出去。Jerry 把一块巧克力递给她，和蔼地说："不管怎么样，还是要吃东西的，身体更重要。"

子亦接过巧克力说："谢谢您！我想知道，我是不是不适合做顾问呀？"

"为什么这么说呢？"

"我在项目上工作两个多月了，只是写了一堆岗位说明书，不管是项目组内部的讨论还是与客户的讨论都参与不进去，我觉得自己对项目没有贡献价值。"

"方案设计的不断调整也是正常的。没有绝对正确的方案，只有适合的方案，所以需要在不断讨论中找到最佳解决办法。"

子亦理解了，她抬起头，坚定地看着 Jerry，眼底清亮。

"还有什么特质吗？"艾伊温婉的声音把她拉了回来。

"还有努力。我不怕挑战，也不怕压力，再难的事、再多的工作我也会接着，不会推脱和逃避，会尽全力做好，哪怕自己会很辛苦。"

"再讲讲。"

子亦的另一段回忆又冒了出来。

这时的子亦已经是一名成熟的项目经理了。在接到 Jerry 的一个电话后，子亦第二天便飞到广州救场。

客户方项目负责人态度很不好，不满地对 Jerry 和子亦抱怨："你们的项目经理，我们认为能力不行，对我们所处的行业不能深入理解。通用的东西怎么能符合我们的特殊性呢？我们要求换人。可说实话，换人又要重新磨合，重新了解情况。后续节奏要加快，要保证质量，但不要影响项目进度。换人还不行的话，就不要合作了！"

Jerry 对客户说："很抱歉出现这样的情况。我今天带子亦过来，也是想把她推荐给你。子亦是我们团队资深的项目经理,她在这个行业的经验也很丰富,我相信是目前最合适的人选。"

…………

子亦和客户交流后,客户接受了子亦作为项目经理,要求子亦马上投入项目工作。

回去的路上,子亦对 Jerry 说:"Jerry,我现在手头的项目还没结束,这两个项目在不同的城市,怎么办?"

Jerry 无奈又故作轻松地说:"那个项目比较顺利,负责各模块的高级顾问也比较让人省心,能帮你顶一下。就辛苦你两边跑跑。当然这边目前更紧张一些,需要多投入时间,那边远程盯一下,与客户沟通时再过去。另外,需要的话我也可以多去几次。"

"老板,我现在在系统里挂了 6 个 PM(项目经理)了,还有 4 个是没完全结束的项目,虽然不用做方案,但还是要定期做项目计划、审核之类的事。"

"辛苦了,但我相信你没问题的!这个客户对公司比较重要,项目做好了,可以建立长期战略合作关系。之前给过客户几个项目经理人选的简历,但都被否了。你的简历过了客户这一关,今天交流得也不错,所以只能靠你了。"

"你放心,我会做好的。"子亦郑重地承诺。

艾伊的声音又飘到子亦耳中:"所以你看,原生家庭塑造了你的坚韧、努力,肯定还有别的因素,它们成就了你,使你拥有了现在的一切。"

"我以前并不认为现在拥有的一切有多好,但在工作坊中我发现其实自己很幸运。世上没有完美的父母。我的父母除了严厉、爱批评之外,并没有什么不好。我现在的工作是我喜欢的。我也应该更好地珍惜家庭。"

艾伊笑着说："坚韧和努力，这两点陪伴了你多年，保护着你一路成长。那么，过于执着于它们的话，可能会给你带来什么样的困境呢？"

这个问题让子亦静止了。是呀，物极必反。

表面清秀，实际女汉子一个。天塌下来也自己扛着，瘦弱的肩膀顶着重重的压力，咬紧牙关不吱声。有多少年没有向别人求助过了？有多少年没有哭过了？痛苦、困惑、无助，都放在自己心里，自己化解，不让别人知道。

艾伊拍拍她的肩膀，替她说："过于坚韧，就像绷紧的皮筋，没有片刻放松，迟早会失去弹性或断裂。同时，情绪积压容易带来情绪爆发，别人却无法理解。"

"是的，我前一段经常发脾气，看上去是因为小事，但表现出来的是不理智，让别人感到很奇怪，事后自己也后悔。"

艾伊接着说："过于努力，往往会不善于拒绝，同时做多项工作，又对自己要求高，希望每件事都做好，但有可能因为精力顾不上，结果不理想时深感焦虑和自责。别人也会将你的接受渐渐认为是理所当然的，不珍惜你的付出。"

子亦不停地点头，补充说："还有，我会拿对自己的要求去要求别人，也希望同事、朋友甚至家人都应该坚韧、努力、高标准，所以总会对身边人有不满意的地方，也许给他们带来了无形的压力。"

艾伊说："凡事各有利弊，所以所有经历都是宝贵的，可以助人也可以误人。凡事也有度，如果过度，成功也可能变为限制自己的障碍。"

不同色彩的回忆

子亦独自坐在家里的沙发上，还在回味着艾伊的话。

韩岩和悠悠已睡了，四周一片安静，沙发旁的落地灯柔和地亮着。

子亦不觉闭上眼，放松身体，让自己进入冥想状态。

…………

8岁的子亦拎着刚刚换的牛奶，挤在一群高大的大人中间，站在幼儿园门口等着开门。门开了，子亦走进小班教室，找到子健，手拉手把他领回家。一边哄子健玩，一边看着妈妈留下的纸条准备晚饭。子健像小跟屁虫一样在她身后转来转去。她一转身碰到了子健，子健没站稳，摔倒在地上，伤了胳膊。妈妈下班回来后教训了一通子亦。

…………

家里来的客人坐满了一桌。10岁的子亦在厨房帮了一上午忙，在端菜到餐桌的过程中，没看到脚下的啤酒瓶，哗啦一声，啤酒瓶倒了，碎了。爸爸觉得很丢人，大声斥责："怎么回事？！这点事都做不好！"子亦强忍着脚被玻璃划破的痛没说话，没有吃饭，回到自己的小屋里，默默地贴上创可贴。

…………

子亦15岁生日，妈妈从单位食堂买了一饭盒的包子，带回家给子亦过生日。爸妈说子亦从小爱吃包子，所以包子一直是子亦的生日餐。子亦好想有个生日蛋糕，可以吹蜡烛许愿，但她不敢提，反正弟弟过生日时会吃到的。

…………

以前冥想时出现的回忆再次出现。子亦没有陷进去，她调整呼吸，继续——

8岁的子亦一转身碰到了子健，他没站稳，摔倒在地上，手肘撑地时错位脱臼了，钻心的疼痛让他大声号哭起来。子亦对子健说不要哭，不要让妈妈知道。妈妈下班回来，子健强忍着，吃饭一端碗碰疼了伤处，不由得哭了起来。妈妈问子健怎么回事,子健说摔了,胳膊疼。妈妈急得责问子亦怎么不早说,忙带着子健去了医院。

当晚,子亦躺在被子里抽泣,子健吊着胳膊偷偷来找她,对她说:"姐姐不哭,妈妈给我的糖,我给你吃。姐姐,我想听故事,你给我讲个故事吧。"

…………

家里来的客人坐满了一桌。10岁的子亦在厨房帮了一上午忙,在端菜到餐桌的过程中,没看到脚下的啤酒瓶,哗啦一声,啤酒瓶倒了,碎了。爸爸觉得很丢人,大声斥责:"怎么回事?!这点事都做不好!"子亦忍着脚被玻璃划破的痛没说话,没有吃饭,回到自己的小屋里贴上创可贴。

爸爸在客人走后,拿着碘酒和云南白药来到子亦房间,看着她倔强看书的背影,默默转身,去厨房热了饭菜,和药一起交给妈妈。

…………

子亦15岁生日,妈妈从单位食堂买了一饭盒的包子,带回家给子亦过生日。爸妈说子亦从小爱吃包子,所以包子一直是子亦的生日餐。子亦好想有个生日蛋糕,可以吹蜡烛许愿,但她不敢提,反正弟弟过生日时会吃到的。

几天后,独自在家的子亦听到敲门声,开门一看是邻居奶奶,她将一个袋子交给子亦,说是妈妈给她的,妈妈赶着去上班,拜托奶奶顺路带来。子亦打开一看,是她一直很喜欢的黑猩猩,每次去商店都要抱抱它,但56元的价格对于当年的他们而言太贵了,她从没奢望过会拥有它。她抱紧了黑猩猩,寻找妈妈的身影。她看到了妈妈匆匆的背影,背影变得模糊,直至消失在路口。

…………

接下来，更多以前忘却、忽略的片段陆续出现——

幼儿园时，子亦的文艺细胞活跃，汇报演出时她是小主持人，还有唱歌和舞蹈的表演，但演出时没有看到爸妈，有些难过。结束后，爸爸出现了，他说，怕影响子亦，所以一直躲在后面看……

小学一年级，她放学后和女同学玩得忘了写作业，第二天老师找家长。爸爸气得打了她，她身上现出了红色的掌印，子健在旁边哇哇大哭。爸爸训斥他："又没打你，你哭什么哭？"子健说："姐姐哭，我就哭……"

小学二年级，老师在家长会后向子亦父母反映子亦太内向了，有些孤僻，不爱和同学们交流。第二天爸爸给老师写了一封长达几页的信，说子亦是个善良、重情义的孩子，只是不善于表达，还举了她去看望同学、照顾邻居的例子，请老师多关照……

小学时她常去妈妈的单位洗澡，妈妈每次都帮她搓背。她也想帮妈妈搓背，妈妈笑着说："你这细胳膊劲儿不够哦，等闺女长大了再帮我搓……"

上初一时，某天她不知怎么回事脖子突然扭不动了，爸爸从单位请假回来背着她去医院。她趴在爸爸背上，看到他脖子上沁出的汗水……

上初二时，她有一次骑自行车为了躲避一辆大货车而撞了一个孕妇。妈妈陪着孕妇去医院检查，好在没什么事。后来妈妈又拎着一堆营养品，跑去对方家里道歉……

高中的某个周末午后，她和妈妈躺在床上闲聊，聊着聊着睡着了。后来她感觉到有手指轻轻抚摸她的耳垂。她在阳光下睁开眼，闻到了妈妈的味道……

子亦睁开眼，泪水顺势溢出眼眶。

好莱坞有部动画片《头脑特工队》，将人的情绪形象地画成橙色的乐乐、蓝色的忧忧、绿色的厌厌、红色的怒怒、紫色的怕怕。

如果说以前子亦每每想到的过去的颜色是蓝色的话，现在，它们变成了温暖的橙色。

当天晚上，在她的梦里，她和爸爸、妈妈、弟弟一起要去旅行。收拾行李时，爸爸让她参考一个军人哥哥打得非常规整的豆腐块包裹，以此为标杆。她叠着自己凌乱的衣服说"我不行，就这样随便收拾吧"，爸爸没再说什么，任她自己处理，妈妈则帮她整齐地打包了一条厚厚的棉被，很暖。

爸爸开车带他们出发，她身边还坐着一个小女孩。她一路和小女孩玩，照顾小女孩，像大人一样对话，和小女孩一起度过了一段很开心的时光。

到达目的地后，小女孩和她开心地告别了。她和家人站在一个相当宽阔的露台上，感受着宽广的大海带来的惬意。一轮红色的太阳将阳光洒在海面上，海浪拍打着沙滩，海岸线一直延伸到远方。

接下来，场景切换到他们一起组队和别人赛车。他们在蜿蜒的赛道上越开越熟练，合作越来越默契，最终首先到达终点，赢得了比赛……

练习

1. 尝试按以下八个步骤进行自我再抚育：

（1）觉察到需要一个全新父母的自我状态；

（2）对父母形象进行基于历史的诊断；

（3）学习做自己的好爸爸和好妈妈；

（4）认可自己内在的儿童自我；

（5）理想的父母自我与儿童自我之间进行内部对话；

（6）原谅父母，原谅自己；

（7）制定改变合约；

（8）正强化——庆祝这次改变！

2. 思考如下问题（它们是改变合约有效性的基础）：

（1）我想要什么来改善自己的生活？

（2）我需要做什么才能得到自己想要的？

（3）我愿意做什么？

（4）我如何衡量自己是否成功？

（5）我可能会怎样故意破坏自己的生活？

（6）我的下一个积极的步骤是什么？

（7）我该怎样做决定？

第十一章

原来他也在迷茫
——重建亲密关系

周末,子亦早早起床,出门采买蔬菜和水果。回来时韩岩也醒了。子亦做了早餐,他们一起吃完早餐,开始收拾房间,准备午饭。他们本没打算叫醒悠悠,想让她多睡会儿。意外的是,悠悠自己起来了,还主动整理自己的房间。

全家周末总动员,是因为雪儿和莉莉相约中午到家里聚会。

这是莉莉的建议,她结束了新加坡考察之行回国,出于私心在北京中转停留了一天的时间——她想见闺蜜们,也想见悠悠。莉莉一直想要个女孩,却连生了两个男孩,所以认了悠悠为干女儿。虽然见面次数不多,但每年悠悠生日时,莉莉都会寄来可爱的玩具或漂亮的裙子,也会用子亦发来的悠悠的照片发朋友圈显摆。进入青春期的悠悠和子亦关系紧张,可每每提到干妈，悠悠却会表现出一些亲近。这次听说干妈要来，她格外积极。

子亦不由得感到惭愧，自己这个亲妈还没有干妈那样深得女儿的喜爱。

子亦昨天和雪儿吐槽这件事。雪儿说："进入青春期的女孩子，与心态乐观、积极阳光又善于倾听的成年人聊聊是很好的。青春期的孩子从心里希望自己独立，无论思想上还是行事作风上，都希望脱离自己的父母，好像离他们越远自己就越像个成年人。而青春期的孩子大脑额叶未完全发育好，对于风险的判断、情绪的控制都会脱离合适的水平，从而使自己处于危险状态。同时，他们对压力更敏感，很容易焦躁、愤怒或抑郁。如果有一位积极阳光的成年人能成为孩子喜欢又信赖的朋友，而且能时常与孩子谈谈心，会有助于青春期女孩保持良好的心理状态。"

听了雪儿的分析，子亦觉得女儿有莉莉这样一位干妈是幸运的，希望以后莉莉只要有空就与悠悠多多交流，希望悠悠能像莉莉那样活得轻松愉悦。

绘画可以传递出丰富的潜意识信息

韩岩很少和子亦一起出现在她的闺蜜聚会中。今天他好像特意没有安排其他事情，和子亦一起为聚会准备着。子亦略感意外，但很高兴韩岩愿意和自己一起招待她的闺蜜。

莉莉和雪儿如约而至。莉莉一到就被悠悠单独拉进了她的小卧室。

雪儿刚想帮子亦切水果，却被韩岩叫住："李雪，可以请教你一些心理学上的问题吗？"雪儿一愣，她看了一眼子亦，以为子亦对韩岩做了很多铺垫工作。

其实，子亦的铺垫工作是无心的，比如她买了心理学和成长类的书籍摆在床头；她参加了一些工作坊，会将其中一些有意思的论点在吃饭时讲给韩岩和悠悠听，一开始，他们觉得子亦神神道道的，直到逐渐看到子亦的变化才有了一点点兴趣。

恰好韩岩按公司要求参加了一系列培训，其中也提到了冰山模型、角色认知、脑神经与情绪、MBTI性格测试等知识，韩岩得到启发后也开始自我反思。

雪儿大方地回复韩岩："乐意为你效劳，问吧。"

韩岩略有些腼腆地说："听说，人们的言行会被自己的潜意识所左右，了解自己的潜意识会提升自我认知水平，从而从根本上改变一些思维模式和言行习惯。"

"是的，你的理解很正确。"

韩岩接着问："那么如何能看到自己的潜意识呢，催眠吗？"

雪儿笑笑说："除了催眠还有其他的方法，如果你感兴趣，咱们现在可以试试绘画心理学的游戏。"

韩岩的好奇心被调动了起来，问道："怎么开始呢？"

雪儿说："我先安排一下，一会儿我们就开始。"

雪儿跟子亦和莉莉都交代了给她和韩岩留出单独且安静的空间。子亦当然乐意，举双手支持。于是，雪儿和韩岩、莉莉和悠悠分别在两个房间关门谈话，子亦一个人在厨房忙活，但很开心。

"我们准备开始吧。先将你的手机和其他能发出声音的物品都调成静音。纸和笔我准备好了，你先听我的引导词，照做就好。调整坐姿让自己处在舒服的状态。"雪儿开始用轻缓的语气说道，"闭上眼睛后深深地吸气，慢慢地呼气。再一次深深地吸气，慢慢地呼气。保持这样的呼吸，放空大脑里的想法，专注在你的呼吸上，感受你的身体在随呼吸起伏。放松你的肩颈，放松你的背部，放松你的双臂和双手，放松你的双腿和双脚。现在，你的脑海中浮现出全家人在一起的场景，关注每个人，包括你，都在做什么。好，请睁开眼，将你脑海中的场景画下来。"

韩岩提高音调说："啊，画出来，我可画不出来。"

雪儿说："不用担心好不好看、像不像，尽可能画出你脑海中的场景就行。"

雪儿在一旁耐心地等待着，过了大约 5 分钟，韩岩递给雪儿一幅画，不好意思地说："画得很难看。"

雪儿认真地端详着画说："我根本不在意画是否好看，你先讲讲你的画吧。"

韩岩向雪儿解释画面："我画的是周末的下午，我们全家人准备吃饭的场景。沙发上坐着的三个人从左向右分别是奶奶、女儿、爷爷，他们三个人在看电视，电视里播放的是喜羊羊。子亦在厨房做饭，我在拖地。"

雪儿听完韩岩的介绍说道：

"整体上来说，你对生活的态度是相对乐观的，对未来的生活也有信心，你有较高质量的生活目标，但如何实现目前还不是很清晰，甚至有些困惑。

"你心中的家，整体上有序但缺少温暖。你对过去的家庭状态比较留恋，而对未来的家庭状态会是什么样比较迷茫。

"在你心中，家庭成员排序首先是女儿，接下来是你的爸爸、妈妈、自己和子亦。在你看来，原生的大家庭比自己的小家庭更重要一些。在你的心中爸爸很重要，但你和妈妈情感联结更深一些。子亦在你心中离你很远，你觉得她不懂你也不在乎你。

"在你心中，家庭是由一件件事情构成的，对家人、对家庭的爱意表达就是为他们做一件件的事情，而彼此之间的情感表达你认为不太需要关注，或者你自己很少关注。好像你和子亦是这个家庭里的'工具人'，只有责任付出，没有情感滋养。

"在这个家里，你觉得自己是承担责任最多、贡献也最大的那个，其次是子亦。其他家里人不需要承担什么责任，在你心中他们只需要被关照。

"同时，你希望自己有更多的独立空间和时间，能让自己的压力稍小一些，希望子亦能够承担更多的家庭责任。

"可以看出来你近期的压力和焦虑比较明显，你希望内心世界能被人理解并得到支持，但你又不知道该如何表达。你在压抑内心的感受和需求，担心表达出来就会有什么不好的事情发生。

"你比较内向，在工作中会尽可能地减少与他人的互动，不去关注周围的人和环境，更多的是活在自己的世界里，有些固执。你在工作中执行力强，相对而言思考得较少。

"你比较欣赏或认可子亦有头脑和学识，但你觉得她不够务实，所关注的都是些虚幻的精神世界的事情，而不是实实在在的生活。有些矛盾的是，你对精神追求又是充满渴望和好奇的。

"最后，你对绘画心理学游戏既感到好奇又有防御心，你希望别人看到你，但又害怕别人看到你。"

雪儿对韩岩绘画的解读很直接、犀利，不像对她的客户，她平时要通过提问确认更多的信息再进行反馈，而且反馈时也会顾忌客户的心理承受力，用适合对方的语言进行解读。雪儿自知她现在的状态不够中正，因为她站在了闺蜜的立场，对韩岩的解读带着些许评判。

韩岩诧异地说："通过随手画的一幅画，能看出这么多的信息？有些解读的内容是我自己知道的；有些本是模模糊糊的感觉，被你一说，立刻清晰了很多；还有一些是我此时不能接受的，不过我会好好想想。谢谢你。我想了解你是怎么通过一幅画看到这么多信息的呢？"

雪儿故作神秘地说："职业秘密，概不外传。"

韩岩摸了摸后脑勺有些尴尬，雪儿调侃着说："看在你是我闺蜜老公的分上给你略讲一二吧。"

看似随意的绘画反映了真实的内心世界

雪儿恢复到职业状态后阐述道："绘画是比文字古老得多的一种表达思想、情感的工具。绘画所含的信息量比文字要丰富得多，即使同一幅画，不同经历、心境的人在观看时所捕捉到的信息也是大相径庭的。绘画可以把抽象的具体化，把无形的有形化，比如愤怒这个词，就可以通过画面充分地展现出来。绘画笔触的深浅，笔画的长短，画面的大小和元素在纸上的相对位置等，都看似是无意识随意画的，但这其实是大脑穿越防御将自己的潜意识表达了出来，更接近内心深处自己的状态和模式。"

"很有意思。能结合我的画具体讲讲吗？"韩岩恳切地说。

"我给你说些基础的原则，你结合自己的画看看吧。第一看画面的大小。画面超过整张纸的三分之二算过大的画，表明绘画者比较强调自我的存在，适应周围环境的能力强，自信，有能量，但内心可能紧张、有攻击性和敌意。画面小于纸张的九分之一算过小的画，表明绘画者自我评价低，有些自卑，能量低，胆怯，情绪低落，有退缩倾向。

"第二看方位。画面上方代表精神层面——意识的、超我的。画面下方代表物质层面——无意识的、本能的。左边代表过去、与母亲相关的情感需求以及与内在自我相关的，右边代表未来、与父亲相关的情感需求以及与我们外在相关的。

"第三结合这幅画看人物远近。这代表你与画中人在内心中的亲疏关系。离你越近的，在你的心中你与他的关系越亲密；离你越远的，亲密度越低。子亦与你的距离是最远的。"

雪儿说到这停了一下，看着韩岩的眼睛说："你知道夫妻关系是整个家庭的重中之重吗？"

韩岩点了点头没说什么。雪儿明显地深呼吸了一下，之后接着讲解："第四看人物大小。画面中的人物大代表比较重要，小代表相对不重要。在你心里，家中你是顶梁柱，承担更多责任，子亦其次，其他人不那么重要。那么子亦是你最重要的合作伙伴，但不是你最亲密的人？"韩岩明显听出了雪儿带着些不满意的情绪。

雪儿接着说："第五看家庭中的家具和饰物等。如果家具过多，则代表对物质需求较高。韩岩，你发现你画的家中没有一样东西是装饰用的吗？你比较关注物质的实用价值，而对精神层面的可以让人愉悦、放松等的东西不关注——在你的潜意识中，它们是没有用的。我想提醒你的是，这些东西对家庭关系很有用，你不仅需要关注家里的一件件事情，还需要关注一份份情意。"

不经雪儿的提示，韩岩完全没有意识到在他画的家里所有物品都是"工具"，连他自己和子亦也都被画成"工具人"。韩岩这时才感受到他画的家让自己也觉得冰凉，没有生机和温暖。

雪儿接着问道："你有发现每个人都没有五官吗？"

韩岩解释说："我不会画五官，所以没画。"

雪儿笑笑说："可是你画中电视里的喜羊羊是有五官噢。没有画出五官，代表潜意识中你希望回避与人的交流，不想看、听和说。但是，你的画面的整体视角又是俯视的，代表你渴望别人理解并接纳你的内心世界。你既排斥人际互动又渴望，所以内在的压力和焦虑更为加剧了。你是不是常有莫名其妙的怒火和焦躁，但你又找不到原因，你努力压抑着自己的感受不表现出来？"

韩岩睁大眼睛看着雪儿："你太神了，这些也能从画中看出来。"

雪儿笑笑："这些都是基础的，如果你找专门的绘画心理学人士做系统的咨询，他们会帮你看到更多潜意识，让你更好地了解自己。"

"你可以试试找一些适合自己的减压方式，如果目前还不想与人有过多的互动，可以试试画曼陀罗。"

绘画有助于释放压力等情绪

雪儿估计韩岩不知道曼陀罗是什么，便详细解说道："曼陀罗是梵语MANDALA的音译，意为轮圆具足、坛城，可以呈现为花朵、十字、车轮等符号意象。梵语MANDALA由MANDA、LA两个词成，MANDA表示事物的本质，LA则表示圆满。在藏传佛教和印度教中，曼陀罗象征宇宙对称、统一、和谐，也象征生命最高的维度——终极圆满，即象征人类心灵至高无上的理想境界。曼陀罗也是内在心灵的地图。"

韩岩听着有些不解,不知道雪儿建议他做什么。雪儿继续讲解:"荣格是瑞士一位著名的心理学家,他与自己的导师弗洛伊德闹僵后,精神受到了很大的冲击,抑郁、焦虑甚至出现幻觉。荣格在自己巨大的心理危机的过程中随意地画了很多画,通过绘画不断释放他内在的精神压力。后来他发现,自己随意所画的图与曼陀罗绘画很相似。如他所发现的那样,'原来我们每一个人的原型都是分裂的,以至于我们需要"曼陀罗"让它整合起来。而曼陀罗的圆圈和中心的关系,暗示了一种超验的核心。这个核心在各种智慧传承中都体现为完整自性的象征,但不是单个的自我,而是所有具有类似心理或命运、被拴在一起的自我。'荣格认为曼陀罗是人内心的外在投射,即用图画的方式来表现出人们的潜意识。"

雪儿顿了下:"抱歉,专业术语有点多,可能我没有讲得太清楚。先给你看两张曼陀罗的画吧,你会有些直观的感觉。"雪儿边拿出手机展示边说:"曼陀罗是一个圆形的绘画,最外层的圆是一个结界,中心代表自性。绘画曼陀罗有多种形式,既可以在圆内自由创作,表达情绪,也可以遵循既定的有规律的图形创作,让内心的能量有序地整合。"

韩岩很专注地看着这两幅画:"这两幅画有一种神秘感,而且看着它

们会被吸引进去,感觉心跳都变得缓慢了。"

雪儿:"看样子,你和它还是有缘的。放松减压是所有曼陀罗艺术的一个最基本的作用,跟语言文字相比,绘画更少受文化信念系统的影响,可以更好地直达内心。因为画本身自带很多信息,所以画和图形是有能量的。曼陀罗图形的能量是有序和圆满的。"

韩岩说:"这是一笔一笔画出来的,太复杂了。"

雪儿:"这种绘画不需要有什么绘画基础,如果愿意,人人都可以画出属于自己的曼陀罗。创作这类绘画的方式有两种。第一种是买曼陀罗绘画本填色。你只需要填色,填什么色随你当时的心境而定,色块怎么搭配也可随心境而定。第二种是自己在一个圆圈内随意创作图画,不用思考要画什么,没有预期,心随手动,让心灵带着手自由地表达。绘画者可以把自己内心深处无意识的内容提升到意识层面。比如,手机中的这幅画就是一位男士创作的,他给画起的名字叫'火',所要表达的就是内心中无法言说的怒火。"

韩岩点了点头:"能感受到画面透出的自我压抑着的怒火,这幅画确实不需要有什么绘画功底,感觉就是在乱涂鸦。"

"是的，这类画没有什么具体形象，就是用线条、色块随心地创作。这样可以帮助绘画者表达出自己的情绪，而不是采用压抑、隔离、否定内心情绪的方式让身体一直承载着负面情绪。"

韩岩明显有兴趣继续听雪儿讲述有关绘画曼陀罗的内容。

雪儿接着说：

"绘画曼陀罗有三个阶段。第一阶段叫准备期，在绘制曼陀罗之前，我们可以选择一处安静舒服的环境，准备好彩铅，也可以适当放点轻音乐，让内心放松和平静下来。如果你会冥想，就在绘画前冥想10分钟左右。如果不会冥想，就专注于自己的呼吸5～10分钟，让自己的心平静入境，让自己从现实生活中抽离。当自己找到感觉时就可以开始绘画了。

"第二阶段是绘画期，重点是专注，在圆圈中把内心的所有情绪、意象等表达出来，可以填色或自创。绘画时要专注于当下，随着画面不断地出现，感受它们所带来的心理体验。可能在绘画过程中脑海里会浮现各种往事，或者联想到一些场景，只需要关注它们给你的感觉，让手随心自由地绘画，直到你认为'完成了'才能停下来。

"第三阶段是完结期，当你完成曼陀罗绘画时，可以从不同的角度欣赏自己的作品，体会它所带来的心情和联想，仔细观察、体会它给你带来的感悟，并在画旁边记录下来，最后根据图形或感悟给自己的曼陀罗拟一个名字。把你的绘画留下来，过一段时间再去看看它，感受与之前相比有什么不同的感悟。"

韩岩一直专注地听着，同时思索着雪儿的建议。

也许你误读了男人的表情

雪儿和韩岩走出房间，雪儿对厨房里的子亦撒娇喊道："亲爱的，饭好了吗？饿了。"韩岩没说话，走入厨房帮忙。子亦留意看了一下韩岩，发现韩岩的表情似乎有些生气，这是子亦常烦看到的表情。她担心雪儿说了一些不该说的，让韩岩生气了。子亦猜测着的同时在心里有些责怪韩岩："自己主动询问别人，现在自己又不能接受事实，未免太小家子气了。"

她走出厨房悄悄地问雪儿："韩岩为什么不高兴呀，你别介意，他就这个臭脾气。"

雪儿诧异地问："韩岩不高兴？你是怎么看出来的。"

子亦："不是吗？面无表情，眉头紧锁，爱搭不理的。他生气时就是这个样子呀。"

雪儿明白了："是不是你原来每次看到韩岩的这种表情，就会觉得他是因你的什么而不满，又不说，自己生闷气？这时你心里厌恶的情绪、想抱怨和反击的行为就忍不住地冒出来？"

子亦不断地点头，补充说："过去我看到他这个表情，就会条件反射般面无表情地和他说话，或者不搭理他。惹不起还躲不起。现在我会调整自己的情绪，不再用这样的方式应对了，不过有时还是会不舒服。"

雪儿拍了一下子亦的肩膀："小妞儿，你误读韩岩的表情啦，给你推荐一本书吧——《男人来自火星，女人来自金星》。书中介绍了一个实验，表明男人在专注思考、疲惫、休息时常常会出现你刚才所说的表情，通常在生气时也会出现类似的表情。所以，女性很容易误读自己伴侣的表情。如果遇到不爱表达和解释的伴侣，那么误会程度更深。于是，女人会郁结很多的情绪，委屈、羞愧、自卑、愤怒、伤心、抑郁，层层加剧。积累到一定程度，很多女人会表现出三种应对方式，一种是退避三舍，使用冷暴力；一种是如履薄冰，察言观色，讨好对方；一种是横加指责，抱怨哭闹。"

子亦不太确信地说："看样子男人真是来自火星的，真是搞不懂。"

雪儿略有些严肃地说："刚才看了韩岩画的一幅家庭生活场景画，能感受到他有很大的压力和焦虑，自身内在能量比较低。如果总这样，会向抑郁症发展的。所以你要多关心一下他，鼓励他释放自己的情绪。"

"我也想让他表达出来，但是他总说没什么感受，没什么要表达的。"子亦无奈地说。

"男人通常很难用语言表达他们的感受，不喜欢通过诉说来释放情绪，尤其不愿意对伴侣讲他们内心中的压力、担心和无助等。如果真那么做了，潜意识里他们有不安全感，会觉得伴侣认为自己没有能力保护家庭，怕被伴侣瞧不起或抛弃。所以可以鼓励他用自己喜欢的非语言的方式释放情绪，比如我建议他可以画曼陀罗，还有，他可以通过健身之类的活动来提升雄性激素水平，增加内在活力。"

子亦点点头："我原来以为他只是打心底不愿意和我聊天，有意回避我。有一段时间我曾因此挺伤心的。原来是这样。"

雪儿看着子亦的眼睛说："近期你还有这样的感受？"

子亦摇头笑着回复："经过大半年的自我探索，我已了解自己的情绪按钮是什么，还有情绪根源是什么，我已开始学着接纳和爱自己了。虽然有些原有的状况还会反复出现，但已经有很大的改善了。看待韩岩的心态也有些变化了，我俩的关系在复苏。不过对他的心智模式了解得还不够，希望未来我们彼此能够更深层次地接纳对方、滋养对方。"

雪儿张开手臂给子亦一个大大的拥抱。雪儿很开心，子亦终于从阴霾中走了出来。雪儿此刻在内心中再一次深深地祝福子亦。

破冰，看见不一样的家

子亦没有问韩岩那天和雪儿谈了什么。她相信韩岩在准备好时会和她交流的，因为子亦也曾经历过有满心的话却不知从何说起、与谁说的时候。韩岩需要自己的空间和节奏来调整和恢复。

过了几天，子亦发现韩岩自己购买了跑步服、无线耳机，看样子雪儿的建议影响了韩岩。子亦在出差期间给韩岩网购了跑步专用护膝，发信息给韩岩："慢慢来，护膝代我陪你跑步。"

他们俩好像有近两年没有互送过礼物了，无论是在生日还是在结婚纪念日。子亦这次本想当面送的，却不知道该怎么送出去，该说些什么，所以特意挑了在出差期间网购的方式。子亦能够感受到她和韩岩之间的冰层在慢慢地融化。虽然他们之间的沟通仍旧不多，但子亦似乎感受到了一些变化，或者这是因为子亦在内心开始相信她和韩岩之间的关系会从谷底慢慢回升。

半小时后韩岩回复："嗯，谢谢，你想得周到。"

韩岩现在习惯脑子放空慢跑，他发现每次慢跑后身体和心里都能轻松一些，有时他在慢跑中会回想过往的一些事情。上次雪儿解读韩岩的画让他很有触动。"工具人"这个名词他还是第一次听到，雪儿这样说时，他有种说不出但又体会强烈的感觉。他从没有意识到，在他的脑海中家居然是用来解决一件件事情的，仿佛要完成一项项工作一样。他曾后悔结婚，如果一个人单身是不是会省去很多麻烦？可是在他对小时候的记忆中，"家"就是这个样子的。妈妈从早忙到晚，一件接一件地做着事情，而父亲每个月才回家一两天，回来就意味着下个月的生活费有了着落。韩岩对父亲一直敬而远之，因为他很严肃，几乎很少笑。韩岩也不敢奢望父亲能花时间和自己聊聊或一起玩耍。

在韩岩从小到大的生活里没有什么诗和远方，只有眼前一件件琐事待解决。韩岩也不知道自己从什么时候开始认为"有用，有价值"是最重的衡量标准。韩岩有时想不明白，嘘寒问暖、花前月下、诗情画意是能当饭吃，还是能解决现实问题？为什么子亦有时要追求这些无头脑的事情。直到看到他自己画的家，他才意识到"家"还需要有温暖、快乐、美好这些让人觉得放松、愉悦的元素。

韩岩在工作中也是这样。他的技术不错，常能解决团队中的难题，但人际关系很一般，领导觉得他太内向、不善沟通、没有管理潜质，一直没提拔重用。韩岩既不满意比他技术差的人晋升，也不屑于像他们那样口若悬河地讲规划、讲管理，自己常有怀才不遇的郁闷感。

韩岩再次想起上次子亦发来一条微信问他，他们之间还有几种亲密。韩岩当时没有细看，只觉得子亦又在抱怨，所以没想也没回复子亦的问题。此时他认真地回看了这条微信。

> 看到一篇文章，说夫妻间可以有7种亲密。良好的夫妻关系至少保持3种亲密，我们结婚之初7种都有，夫妻十多年不知道怎么就一种一种地都丢了。我们还有可能重新找回吗？
> 情绪亲密——分享彼此的感受，快乐、悲伤甚至是愤怒；
> 性的亲密——肢体亲密接触，有自然流露的性邀请；
> 智力亲密——一起讨论重要的话题，分享自己的专业和工作；
> 审美亲密——一起欣赏美丽的东西，如音乐、绘画等；
> 灵性亲密——共同体验生命力，比如一起静心、冥想等；
> 社交亲密——拥有共同的好友；
> 娱乐亲密——有共同的兴趣爱好，能"玩"到一起。

"亲密"一词在韩岩的脑中留下的印迹很浅很浅。"责任"一词沉沉地压在他的肩膀上。他首先要对父母、对孩子负责任，然后是他父母的兄弟姐妹，还有那些曾经帮助他走完大学之路的有恩之人。子亦是他唯一能倚靠的和他一起扛责任的人，然而让韩岩失望的是，子亦不想扛起这些，她自己原生家庭的负担已让她感到非常心烦焦虑。子亦希望自由，无牵绊地为事业奔跑。韩岩一直认为子亦太自我，只考虑她自己。从自己的画中，韩岩才意识到是自己想当然了。内心深处认为子亦就该帮自己扛起大家庭的责任，未实现时即心怀不满，与子亦渐行渐远。"原来太自我的那个人是自己。"韩岩自嘲着。

韩岩发了一条微信给子亦："等你出差回来一起去看电影《哪吒》吧。"过了一会儿，韩岩又补了一条："悠悠想看，念叨了好几天了。"

韩岩在心中笑自己又借着女儿的名义表达自己的想法，像极了自己小时候妈妈的样子——当韩岩妈妈想向老公提出想法时，通常会借用韩岩的名义。韩岩一开始不解，妈妈是担心被拒绝，还是觉得她自己不配有这样的想法？后来韩岩很反感，觉得好像妈妈在利用自己似的。现在韩岩觉得妈妈很可怜，在她的世界里她就是一粒尘埃，需要不断地做事来证明自己在家里的价值，而且还不敢表达自己真实的想法和需求。

韩岩叹了口气，原来两个人结婚真的不只是两个人的事情，而是涉及两个大家庭。我们从父母那里继承下来的不只是基因，还有价值理念、心智模式和行为习惯。韩岩深呼吸后自言自语地说："慢慢来。看清方向了，慢慢都会好的。"

练习

1. 尝试依照本章中的绘画曼陀罗的步骤进行描图或者自创画面。

2. 完成绘画后,在自己所画图的旁边记录以下内容:

(1)绘画前后自己的情绪变化;

(2)绘画完成后,你从画面中看到了什么;

(3)在整个绘画过程中,你对自己说了些什么;

(4)你此时的新感悟或觉察。

3. 三个月内,每当自己想释放情绪时就进行绘画,并保存自己所有的绘画,然后回顾:

(1)这三个月的绘画有什么变化;

(2)画面之间有什么关联;

(3)这三个月的绘画给自己带来了什么样的觉察。

第三篇

活出自己

第十二章

一直熟悉的环境开始改变了
—— 从允许开始,生命滋养已悄然发生

情绪的巧克力

  这段时间子亦的项目没有那么集中,晚上只要有空她就试图拉着悠悠一起散步。前几次悠悠都拒绝了,子亦也不强求。虽然她的心里有些失落,但她暗暗地给自己鼓气:"慢慢来,会越来越好的。"

  子亦开始留心悠悠喜欢什么样的动漫,周五晚上特意去商场买了悠悠喜欢的动漫盲盒。悠悠收到礼物非常开心,急忙打开,居然是她心心念念的一款。悠悠兴奋地喊着:"我还差一个就可以集齐全套了!"

  子亦好奇地问:"哪一个?"

  悠悠指指盲盒封面最上方的一个人物。

  子亦好奇地问:"他是谁?"

悠悠打开了话匣子，兴奋地介绍盲盒封面上每一个动漫人物以及他们之间的关系，还有各自的风格特点。

突然悠悠说："咱们去小公园转转吧。"

子亦暗自开心："又近了一步。"

近一个小时的散步，悠悠像一只小麻雀一般欢快地说东说西。子亦大部分时间都在认真地聆听女儿的讲述。这一次她完全将选择话题的主动权交给了悠悠。其间，子亦偶尔提一些与之相关的问题，这些问题让悠悠感到子亦很投入地听她说话，因此说得更起劲儿了。

临回家的时候，悠悠用手挽着子亦的胳膊，调皮地说："妈妈，你不讲大道理的时候，还是挺可爱的。"

子亦被逗乐了："噢，怎么讲？"

悠悠："我之前不想和你一起散步，是因为我俩好不容易有空在一起的时候，你总是讲一些大道理，什么要努力、要独立呀，什么好成绩有多重要呀。那些大道理我都知道，听多了就觉得很无聊，而且让我觉得很累、很有压力。"

子亦心里想着"讲那些话还不是为了你好吗"，她沉默了一会儿说："抱歉，悠宝，让你有这么大的心理负担，这不是我的本意。"

悠悠诧异地看了一眼妈妈，她从没有想到妈妈还会对自己说抱歉。此时悠悠的眼圈微红，她强忍着不想让眼泪流出来。

子亦拍了拍女儿的肩膀："悠宝，无论是过去还是未来，你都是我最爱的宝贝。如果妈妈过去的一些做法让你难受了，我会尽力去改变。有一些问题源自我自己深层次的问题和一些需求，我现在还和你讲不清楚，我还需要一段时间理顺。我希望能够得到你的理解，我相信我们会越来越好的。"

女儿用手紧紧地搂着子亦的胳膊，头倚靠在子亦的肩上使劲地点点头。

子亦本以为她和女儿的关系从此就会恢复了，然而美好的亲子关系仅仅持续了三天。

这天子亦刚进家门就开心地和女儿打招呼，悠悠没有回应，子亦以为女儿没有听到，又大声喊了一句："悠宝，我回来啦！"不想却从里间传来悠悠的声音："你回来和我有什么关系！"然后"砰"的一声，悠悠的房门被重重地关上了。

子亦愣在门口，心中怒火向上冒。她很想冲过去批评悠悠，想让她知道什么是尊敬，什么是友善！

韩岩看着子亦生气的表情轻声说："她今天心情不好。"

"那她就可以这样跟我说话吗？！"

韩岩不解地说："你想怎么样？让10岁的孩子管理好自己的情绪，来照顾你的感受，当她心里很难受的时候？"

子亦没再说话，一边收拾东西一边想：是允许她向自己发泄情绪，自己忍着，还是告诉悠悠，什么是对的呢？

过了十几分钟，子亦想缓和一下和悠悠之间的气氛。

她敲了敲女儿的房门，没有回应，她又敲了敲门说："给你买了你爱吃的板栗。"

子亦以为会迎来开门，会看到悠悠愧疚的模样，但屋里却什么动静也没有。

子亦感觉心中像压着一块巨石，闷得难受。

子亦没有理会韩岩的目光，她也把自己关进卧室里。

子亦抓起枕头使劲地向墙扔去，枕头摔出去的一瞬间，内心中冒出一句话："你现在很愤怒"。这句话很神奇，它让子亦安静了下来。静坐在床边的子亦深深地呼吸了几次，对自己说："感受一下愤怒的感觉吧。"

子亦此时觉察到自己的心率有些快，胃有些微微的刺痛，四肢的肌肉紧绷着。子亦先通过调节呼吸让自己的身体慢慢地放松下来，然后问自己："此刻你有什么样的情绪？"

她感受着自己的情绪。最强烈的是愤怒，夹杂着伤心，还有些委屈和羞愧。

子亦接着在心里问自己："是什么让你产生了这样的情绪？"

"悠悠怎么能够这么不尊重我！她难道不知道我特意给她买的板栗？为什么她总是只对我大喊大叫？为什么她会不理我？我需要对她严加管教，要不然她长大了更不把我放在眼里了，都是她爸爸平时太娇惯她了，所以她的脾气已经大得没有边儿了。"子亦的脑子里瞬时涌现出很多让她更烦躁的念头。

将杂乱的思绪强行拉回，这些念头除了令自己心烦意乱，解决不了任何问题。

子亦先做了几次深呼吸，接着开始和自己对话："你现在采用的是指责型应对模式。如果先放下指责，体会一下自己的期待会怎么样呢？"

她继续深呼吸，头脑的转速慢慢放缓。

她静静地感受着："我期待女儿能感受到我对她的爱，期待与她有愉快的互动，期待她能表达对我的信任。"

子亦接着问自己："你渴望的是什么呢？"

停顿了一会儿，她脑子里冒出的是亲情、尊重和接纳三个词。

似乎平静了许多，于是她接着与自我对话："那么，悠悠的情绪是怎么样的？"

子亦尝试着感受着悠悠的情绪："也许有些烦躁，生气……"

"那是什么让悠悠有这样的情绪呢?"

子亦猜测:"也许今天在学校里被老师批评了?或者周考没有考好?或者与同学吵架了?"

"那此时女儿的期待和渴望会是什么呢?"子亦尝试着感同身受。

她回忆自己10多岁的时候,当她在学校受到挫折、委屈,感到难受的时候,她期待和渴望的是什么?子亦期待可以向妈妈诉诉苦,期待得到妈妈的安慰和支持。和妈妈说话的时候,可以撒娇也可以发火宣泄一下,渴望被妈妈完全地接纳和包容。

子亦想到这些,目光黯然了,她那时所期待和渴望的从未被满足过。小时候心里留下的伤痛,在几十年后的今天依旧隐隐作痛。

子亦又做了几次深呼吸,问自己:"你还需要和自己的情绪待一会吗?"

子亦感受着身体,那些让她心里发堵的东西好像慢慢地消融了。

"接下来你想怎么做呢?"

子亦没有想好要做些什么,但是她很清楚自己不会做什么。她不会像原来那样,发脾气后长时间地生闷气,再看到悠悠时冷着个脸,甚至悠悠主动找她说话想缓和氛围时,她还故意不搭理女儿。她不会像原来那样,直到自己觉得尊严找回来了,心理平衡了,才再搭理女儿。

子亦发现这样的模式从她十几岁时就有了。当某个人让她生气后,她就是这样的回应方式。"信子亦,原来你自己一直没有长大,还是小时候的状态。"子亦自嘲着。

脑海里浮现出曾经抽到的那张OH卡,卡中一个倔强的少年蹲在墙角,委屈又孤独,伤心又拒绝和别人沟通,独自在那里抱怨着什么。

子亦在心中对那个少年说:"小子亦,我可以抱抱你吗?"画面停留在子亦蹲下来搂着墙角的少年。画面里的子亦充满了爱和力量,少年依偎在子亦肩头，少年的表情舒展了。灰白阴冷的墙角被阳光洒满了暖暖的鹅黄色。

子亦从卧室出来，看见韩岩关切地看着自己。她对韩岩展露出释怀的笑容。

韩岩的表情也变轻松了。他说："冰箱里有你爱吃的巧克力。"

"是给悠宝买的吧？"子亦脱口而出，但说完就有一些后悔。

韩岩连忙澄清："特意给你俩买的，一个是黑巧克力，一个是牛奶巧克力。"

巧克力还未吃，子亦心里已有了甜丝丝的感觉。

半个小时后，悠悠从她的房间里出来，依旧冷冷的脸色，她刻意没看子亦，只跟韩岩说："爸爸，家里有什么吃的吗？"

子亦特意抢先回答："我一直等着和你一起吃巧克力呢。"

悠悠绷着小脸却掩盖不住想偷笑的表情："巧克力要吃的，不过，不是有板栗吗？"

"哎呀，我都把板栗忘啦……放哪里了？"子亦拍了一下脑门。

韩岩应声："在这里，我去厨房加热一下……"

随着板栗的香气飘散开，冰冷的空气瞬间被融化，房间里充满香甜。

三个人围坐在电视机前的沙发上，边聊天边看电视。

在韩岩的印象中，这样其乐融融的样子还是在悠悠小的时候才常见，那时全家一起边看动画片《喜羊羊与灰太狼》边聊天。近几年来他们一家三口好像很少有这样愉快的互动。平时子亦和韩岩分别陪伴着悠悠，好像轮班一样，一个人在场，另一个人就退场。这默契不知道是什么时候就形成了，悠悠好像也很习惯。有时候悠悠还特意只邀请他们中的一位陪她出去活动。像今晚这样三个人一起说说笑笑的场景，已经是很久以前的事儿了。

子亦第二天又要出差,要去成都三四天。清早出门前她给悠悠留了一封信。

亲爱的悠宝:

昨天和你一起品尝巧克力的时光很快乐。它冲淡了我们之前所发生"小摩擦"。妈妈能理解当你感到生气时控制不好说话的语气。也许那时你只想发发火,想摆脱心中的那些坏情绪,你也许期待爸爸和妈妈能够对此包容和体谅。

"小摩擦"时我的感受是有些愤怒和伤心的。

我希望如果下一次你心里难受想发火的时候,我们可以谈谈你的感受,或者允许妈妈静静地陪你一会儿。我希望你以后不再一个人孤独地面对自己的坏心情,而是有我们的陪伴。

爱你的妈妈

爱要非暴力

落地成都时,子亦收到韩岩的微信:"平安,早归。"子亦感到有些意外,但心里却暖暖的。

这次的项目沟通会进展得很顺利,子亦买了周六一早的班机赶回家。悠悠和韩岩在等着她一起吃火锅。

听说这家新开的火锅店很有特色,而且消费超过一定额度还可以抽盲盒。抽盲盒正是悠悠喜欢的。

三个人终于等到座位,每个人的面前有一个小火锅,服务员递来自选菜单,韩岩对子亦说:"你先点吧"。

子亦把自己需要的锅底和套餐画上钩,看到悠悠正在忙着玩手机游戏，就将菜单递给了韩岩说："点好了。"

子亦注意到韩岩扫过菜单后脸上有些不悦，忙问："有什么问题吗？"韩岩迅速回答："没什么。"

韩岩边看菜单边问悠悠："你想吃香辣的还是麻辣的？还是什么？"悠悠头也没抬说："香辣的，微辣就好。"韩岩选了几个菜后接着问："悠悠，你有想吃的青菜吗？"

这次悠悠抬头说："爸爸，你拿过来我自己点吧。"

韩岩将菜单和铅笔用力地拍在桌子上，脸上明显带着不高兴。

悠悠吓了一跳，没敢拿菜单，不知所措地看了子亦一眼。

子亦忙拿过菜单给悠悠，说："这边是套餐系列，那边是单点菜，你有什么想吃的吗？"

悠悠小声说："爸爸都点好了，我没有要加的。"

子亦这时还没反应过来，到底是什么让韩岩突然不高兴。难道是韩岩认为她自私，只点了自己的火锅底和套餐，并没有征询韩岩和女儿的想法？是因为这个吗？但不是因为这个，那还有什么值得生气的呢？

想到这里，她也不由得气愤起来，脑子里飞速地蹿出一系列的念头："凭什么啊？这样的小事值得吗？自己点自己喜欢吃的，不是更尊重每个人的想法，更快一些吗？凭什么你总是要按照你的标准来衡量和评判我的行为？凭什么不替你点餐你就要生气呢？是不是你总觉得我是自私自利的人？"

子亦回想起韩岩曾指责她只忙于个人的事业，不顾家，不顾孩子，只为自己的事业而忙碌。悠悠的奶奶有时也会说："我儿子太辛苦啦，忙里忙外的。"子亦当时就不能够理解，为什么男人打拼事业就是为家庭撑起一片天，为保障家庭生活品质而辛苦付出，全家人不仅要体谅其辛苦，不让其做家务，而且个个还需心怀感激。而女人在外面打拼就是自私自利的行为？回到家里除了尽可能多干一点家务，还要将自己所有个人时间用来陪孩子，即便这样，不仅要自己心怀内疚，还要遭受家里人的指责，凭什么？子亦在内心中愤怒地大喊着。

当子亦的这段记忆被调出时，心情瞬间跌落到极点，越想越觉得韩岩不可理喻，越想越生气。

那顿饭吃得极其安静，三个人都无话，各自默默地吃着。偶尔韩岩向悠悠的碗里夹点菜，问她够不够。子亦全程一句话都没有再说，她开启了自己习惯的应对模式，生气时满脑子各种念头，比如之前种种不满的回忆，对未来种种糟糕结局的演绎。然后负面情绪不断涌来。表面看似平静的子亦，心中早已万马奔腾，不知如何平复自己的情绪。

回到家，三人待在各自的空间里。悠悠回到她的房间，韩岩坐在客厅，子亦走进卧室。她最开始不知道应该做些什么，但她知道不能陷在情绪里，必须做些什么。

子亦和衣躺在床上，先放松自己紧绷着的身体，将专注力放在一呼一吸上，放空自己的大脑，不让那么多念头涌现，慢慢地她竟睡着了。三天的项目沟通会虽然很顺利，但并不轻松，这三天子亦都工作到凌晨才睡。今天本可以在酒店睡个懒觉后再乘下午的飞机回家，但想着韩岩特意安排全家吃火锅，不想让他们父女俩扫兴。这时疲惫的她再也没有力气，也不想让自己陷入糟糕的心境中。

醒来时天色已暗了。

接下来怎么办？还像原来那样采用冷战的方式吗？她摇摇头，那样只会让问题变得更糟糕。原来冷战是为了获取各自所谓的尊严，好像谁先开了口，谁就认输了，做错了，示弱了。冷战的后果是，也许夺回了尊严，但这个家的温度却越来越凉了，可是子亦又不想主动找韩岩说话，是他错怪自己生气在先，自己又没有做错什么。子亦更不想委屈自己装成没事人的样子，然后再去讨好韩岩。

子亦想："我能不能试试《非暴力沟通》一书上讲的沟通技巧？"其实子亦近半年在工作中沟通时常会用到书上所说的技巧。只是与韩岩沟通时从未用过，不是子亦不能用而是不想去用那些技巧。在子亦的内心中有个假设：如果韩岩依旧爱我，他就会像原来那样，让着我，哄我开心；如果他不愿意那么做了，就说明他心中已经不再在乎我和爱我了，那我和他还有什么好沟通的呢？

子亦今天想试试那些沟通技巧。她告诉自己放下那个假设，如果一直带着那个假设，自己的情绪和行为都将是负向的，会再一次进入他俩原来的冷战模式。子亦决定试着先放下那个假设，试着把韩岩当成一个工作伙伴，用成人的沟通方式、对等的姿态深度沟通一次。

子亦起身去厨房途经客厅时，韩岩正在沙发上看着手机。他知道子亦从身边走过，但并没有抬头，像平常冷战时一样，将子亦视为透明的。韩岩的反应不出子亦所料，所以她也没有过度的情绪波澜。如果像往常，她会更加生气，将冷战持续到底。

子亦走进厨房削好一个苹果，切一半递给了韩岩。这个举动让韩岩颇感意外，他愣了一下说："不吃。"

子亦并没有缩回手："帅哥给点面子呗。"

韩岩被子亦的搞笑语气逗乐了，憨笑着接过了半个苹果。子亦挨着韩岩坐下，打开了电视，和韩岩先聊聊电视中正播着的新闻。子亦看到韩岩的情绪好转些，又恢复到了轻松的样子。子亦想现在可以和他谈谈刚才发生的事情了。

子亦在心里盘算着如何按照非暴力沟通的步骤开始对话。

第一步，子亦试着描述对方的期待："今天中午点餐时，你是不是希望我能够照顾到你和悠悠的需求，问一下你俩想吃什么，而不是只点了我自己的套餐？"

没等韩岩接话，子亦又说道："你希望我们在一起时彼此为对方着想，而不是只考虑自己。我为我只为自己点餐的行为道歉，让你感觉到了不舒服。你会觉得这样的行为有些自私，而且还让你联想起，我之前也有这样我行我素的行为。当你想起过往，你就更生气了。"

韩岩略有点不好意思地笑着说："也没那么严重，就是我觉得我们是一个团队呀，要有点团队精神。"

第二步，子亦开始描述事实。子亦告诉自己描述时不要做任何评判："我看到你接过菜单时，皱起了眉头。那时我问你有什么事吗？你说没有。后来当悠悠想自己点餐时，你将菜单和笔拍在桌子上。悠悠看着菜单想伸手又缩了回去。接下来，整个吃饭期间我们三人几乎都是各自看着手机，再没有什么交流了。"

估计韩岩认为子亦接下来就会像原来一样指责他，韩岩的表情开始紧绷起来，也不太愿意看着子亦了，一副准备冷战的脸色。

子亦开始沟通的第三步。她向韩岩那边靠了靠，把头依在韩岩的肩头说："我当时觉得有些委屈和生气。"

韩岩没有想到子亦接下来的一系列动作，有点不知道该怎么做。

子亦紧接着说："我本来很高兴的。你特意安排一家人一起出来吃饭。咱们差不多近半年也没在一起开心地吃过一顿饭了，所以我今早特意赶了最早的航班回来，我心里是有你们的呀。我和同事们一起吃工作餐时，还有和莉莉、雪儿她们一起聚会时，我们也是各自点各自喜欢吃的。所以我就没有考虑到,你可能会误解我,觉得我不在意你想吃什么,让你有了不好的感受,以为我心里没有你。"

子亦稍停了一下,接着说:"当时,我其实是很生气的。我感觉你认为我是一个自私的人,而且,我还想到你之前曾经说过,我只忙于事业,不照顾家人。这些都让我觉得特别委屈和愤怒,所以当时我一句话都不想和你说。"子亦的眼圈不由得红了。韩岩摸了摸子亦的头。

子亦深呼吸了几次,开始沟通的第四步:"我希望我们能够彼此多关注对方好的地方,理解对方的不容易,允许对方有自己的标准和行为特点。我还希望我们能够多交流,尽早把一些误会沟通清楚,而不是越压积怨越深。"

子亦歪着头看着韩岩说:"我们都希望这个家更温暖,我们一起试试好吗?"

韩岩在子亦的额头上吻了一下说:"好,听你的。"

子亦的委屈和愤怒彻底消散了,内心一片柔软。最初相识、相恋的感觉,在此刻似曾相识地弥漫开来,笼罩着两个人。不同的是,对未来新鲜又不确定的憧憬,现在,是熟悉而较为确定的。

一切开始改变,一切正在改变。

子亦相信了。她可以主动规划和把握自己的世界。

在当天的情绪日记中,子亦记录下一段感悟:"允许自己有情绪,也允许自己释放出情绪;允许自己刚毅,也允许自己脆弱;允许自己独立,也允许自己依赖;允许自己遵从内心真正的渴望,不用戴着面具,也不用带着恐惧。"

机会。机会?

子亦坐在飞机里,正准备关掉手机时,收到一条信息,Charlie 发来的："Chuck 要走了。"

子亦快速回复了"降落后联系"五个字，但关掉手机后很多问题一直在脑子里盘旋着，觉得两个小时的飞行时间太长。

飞机一落地，子亦便打开手机，给 Charlie 打电话。Charlie 先问："你飞到了哪里？"

"上海。"

"我也在上海，晚上一起吃饭吧。"

他们相约在淮海西路的一家私家菜餐厅见面。子亦看到 Charlie 冲她招手。落座后，Charlie 熟练地递给她菜单，叫来服务员点菜，并自作主张点了一瓶红酒。

"要庆祝什么吗？"子亦看他神采奕奕的脸问。

"双喜临门！"Charlie 有点故弄玄虚地微笑着。

红酒送至，倒入红酒杯，Charlie 举杯，子亦举起酒杯却不动，她说："现在可以说了吗？"

Charlie 方道："第一喜，是我升职了。"

"啊，太棒了！恭喜你！"子亦开心地与他碰杯，"你的业绩一直很好，应该是副合伙人了。"

Charlie 慢慢呡了一口红酒："毕竟也干了这么久了，但还是升得不容易。要不是今年谈了一个大单子，公司特别重视，估计也升不了。"

"你们行业顾问背的数字大，业绩导向，只要业绩好就能升，还是比我们这些走专业路线的顾问晋升快。"

Charlie 又举起杯，冲着子亦说："还有一喜。"

"是什么？"

"恭喜你熬出头了，你老板要走人了。"

子亦顾不上碰杯，连连问："真的吗？你怎么知道的？消息从哪里来的？"

Charlie 哈哈笑起来，一方面他心情很好，另一方面他觉得子亦的样子很可爱。他喜欢子亦工作时知性能干的样子，更喜欢她在工作之外偶尔流露出的另一面。"我听老板讲的，有个客户想做管理转型，于是找到 Chuck，结果 Chuck 一点儿都不积极，推三阻四的，但是客户急呀，所以我老板直接找了你们大团队的负责人 Bob，Bob 说 Chuck 本月底离职。"

"什么原因呢？"

"具体不清楚，但你想呀，还能有什么原因，咱们公司一切以业绩说话。"

子亦想想也是，Chuck 接手一年期间，业绩比 Jerry 在时明显下滑，有几个项目出现了问题，Chuck 去也搞不定，同时团队氛围也变了，好几个不错的顾问离职了。

但把这事当成一喜，子亦有些无奈，不知是悲是喜。

Charlie 像是明白她在想什么一样，给她加了些酒，说："这是一个机会。Chuck 走了，要找人接，不是横向派人接管，就是内部提拔。你在这个级别也好几年了，如果从内部提拔，你肯定有机会。反正在我接触的你们团队的顾问里，你是最专业的了。可以考虑为自己争取一下，否则再来一个空降的，还不知道又是什么样呢。"

子亦沉默了，低头吃菜。

Charlie 问："你怎么想？"

子亦慢慢地说："Jerry 走时告诉我，我在继任计划中是排在第一梯队的。Chuck 接管后，我就不知道自己排在什么位置了。而且……"

"而且什么？"

"嗯……我不确定自己是不是真的想晋升……"

子亦的话让 Charlie 愣了一下，似乎没想到。

子亦边思考边说："这段时间遇到的事情让我想了很多。以前很少做自我探索和反思，只是顺理成章地把做管理咨询和成为合伙人当成我未来的职业发展目标。但现在，我对自己了解得越清晰，就相应地有更多的不清晰，比如我未来到底想做什么……"

"你不会也离职吧？"Charlie 脱口而出。

子亦摇摇头，笑了："不说我了，今天为你庆祝，恭喜 Charlie 总！"

两天后，子亦接到二线老板 Bob 的邮件，约她做一对一的线上沟通。Bob 是英国人，之前在英国负责 IT 系统咨询，现被派到大中华区负责组织与人才发展管理咨询业务，他对当地市场和管理领域都不熟悉。不过这也是横向发展模式，往往任职几年后便可以回到英国再升职。

子亦对 Bob 起初并无好感，毕竟 Bob 的到来导致了 Jerry 的离职。所以她没有主动与 Bob 联系过，在会议上遇到时也就仅仅打个招呼而已。

在一对一的沟通中 Bob 显得格外有亲和力，他首先致歉一直没有单独跟子亦做过沟通，接着询问了子亦在公司的发展历程。他说子亦的年度绩效结果持续保持领先，能力认证达到了专家级，所负责的项目评估结果也很优秀，还获得过几个卓越项目奖，他对此非常欣赏。

他提到有个大客户有意向做人力资源转型，子亦知道这就是 Charlie 提到过的那个需求。看来 Chuck 离职，Bob 想将需求交给子亦，一方面是反正要找人接手负责，另一方面也是对子亦的考察。子亦很专业地接受了这个任务。

然后，他问子亦对职业发展有什么规划。子亦内心犹豫了，但她还是条件反射且无可挑剔地回答了这个问题。Bob 很满意地结束了谈话。

他在心里对子亦打了个钩，子亦却在心里打了个大大的问号。

压力下的情绪智慧

客户是 S 集团，一家已上市的高科技制造企业，近两年业务发展迅猛，在行业中排名逐渐靠前。但是业务的快速发展使管理体系上的混乱日益凸显出来，企业也尝试做过单独的、点状的咨询项目，但效果均不理想，于是有意做系统化的管理体系转型。前期销售人员接洽后，判断是个不错的商机，于是联系了高科技行业团队，团队负责人 Sim 判断，这个客户很有可能成为大客户，于是亲自跟进，协调了相关业务线的资深顾问资源，组成临时项目组，访谈、调研、诊断、分析后形成建议方案。

客户同时还联系了几家知名的国际管理咨询公司，以招投标的方式选择合作方。

竞标当天，共有四家咨询公司参与，子亦的公司排在第三，时间是上午 11 点到 12 点。项目组一行人标志性地身着职业装、手拎电脑包提前到达客户办公楼下，接待人员带他们进入一个空闲的会议室休息等待。

11 点到了，上一家却还没有结束。Sim 站起来向外张望，又过了 10 分钟，大家不禁有些担心了。很明显，这说明上一家公司是吸引客户的，这当然也是一种策略，留给竞争对手更少的时间。但客户并没有限制对方的时间，说明交流的效果还不错。

即使客户也可以多给他们时间，但人到中午也会因生物钟导致饿、困而精力不集中，自然会影响沟通质量。

所以，很明显，他们还没开始，便已不占优势。

11 点 20 分，主会议室的门终于打开了，一行同样身着职业装、拎着电脑包的人走了出来。接待人员对子亦他们说，休息 5 分钟后会议开始，他们可以先进入主会议室落座，连接电脑和投影设备。

11点25分，客户方与咨询方的团队分别坐在会议桌两侧，大家统一看向前方大大的投影屏，团队开始陈述项目建议书。

Sim开场介绍了团队后，首先是战略团队咨询总监介绍战略规划与落地的项目方案，其次是子亦介绍组织与人力资源转型项目方案，然后是研发、供应链项目方案，最后是一位IT专家介绍IT系统规划与建设项目方案。

S集团总裁林总在最中间的位子上坐着。他50多岁，穿着低调而有品位，眼睛炯炯有神，精力旺盛，虽未开口，但整个人散发着一股自信的强大气场。

战略团队咨询总监讲的前几分钟，林总听得很认真，当讲到对行业的理解和方法论时，林总开始看手机。子亦看了一眼战略团队咨询总监，他并没有停下来，也没有改变策略。子亦理解他在前期做了大量行业研究和准备，想尽量多地呈现出来对客户的深入理解，以期展现战略团队的专业性，但他忽略了客户的反应。Sim也注意到了，可他不好当着客户的面说什么，只能用眼神提示。林总处理完手机上的信息，放下手机，打断战略团队咨询总监，很直接地说："前面两家也讲了很多了，内容和方法论上差不多，请加快一些，节省大家时间。"

战略团队咨询总监有些尴尬，快速地收了场，现场氛围变得更加紧张。接下来轮到子亦了。

子亦默默地深呼吸，站起来接过翻页器。她之前已经想好将要讲的PPT压缩到三分之一，不再讲方法论，重点放在前几页的问题发现、解决思路和项目计划上。

但子亦还没开口，林总居然站起来向会议室外走去。

子亦感觉全身的血液一下子冲上了头，她很气愤，感觉自己没有被尊重。她的情绪上来了，开口问："林总，等您回来再开始？"

林总停顿了一下，然后头也不回地拉开门走出去，飘来一句话："不用等我，你们先讲。"

子亦站在原地，接受来自全会议室的注视。

她问自己：我允许自己有情绪，但我应该如何选择？讲还是等？

这时，她突然想起艾伊对她说过的："人的很多选择看似理智，其实都是情绪的选择。要让情绪帮助我们实现目的，而不是被情绪控制。"

当时子亦问："可是情绪上来时往往很难控制呀。"

艾伊说："其实情绪转换并不难，几秒内就可以。只要你知道你的情绪触发点到底是什么，可能是什么需求没有被满足，或触及了自己的价值观。想明白这一点，就可以选择更好的情绪。"

子亦很快地判断出自己的情绪源于没有被尊重。那么，如果希望被尊重，气愤显然在这样的场合并不能奏效，反而会起到负面作用。

想到这儿，她感觉身体有了力量，人也放松下来了，自信地挺直了脊背。

整个过程，也就是10秒左右。当子亦准备开口讲话时，会议室的门开了，林总快步走了回来，向子亦点点头，子亦也向林总微笑点头，然后用平稳、清晰的声音开讲……

练习

1. 尝试按以下方式运用非暴力沟通的方法。

（1）清楚地表达观察结果：区分观察和评论，能够不带预设地仔细观察正在发生的事情，并具体指出正影响我们的行为和事物。

（2）表达感受：区分感受和想法，能够识别和表达内在的身体感觉和情感状态，而不包含评判、指责等。

（3）说出是哪些需要导致那样的感受：体会与正发生的事情和感觉相关的需要——所有人共通的需要（如食物、信任、理解等）——是否得到满足。

（4）具体的请求：提出具体、明确的请求（要什么，而不是不要什么），而且确实是请求而非要求（希望对方的行为是出于由衷的关心，而不是出于恐惧、内疚、惭愧、责任感等）。

2. 尝试用以下三步提升情绪智慧。

（1）觉察你的情绪反应，知道你的感受是什么。

（2）询问你有什么需求没有被满足，即探索情绪的源头。

（3）做出选择，确定通过做什么来满足需求，或转换情绪。

第十三章

学会与自己相处
——在不同层次爱自己

晋升机会

S集团的第一轮招标结果出来了，淘汰了两家，留下两家进入第二轮，子亦的公司是其中之一。

第二轮不需要再讲标，由S集团内部招标办组织评委对方案的专业性、报价等指标进行评估，最终选出合作机构。但林总提出，鉴于此次合作是最高战略级的项目，对集团未来发展影响巨大，因此对合作方的选择要更慎重，需要增加考察环节。

考察团到达子亦公司的办公楼，Sim和项目组成员迎接，双方一一握手。当子亦和林总握手时，感觉到林总右手适度的力度，这和他脸上从容镇定的表情共同形成一股力量。子亦见过很多企业的老板，他们虽风格各异，但在外人面前展现出来的自信往往是相似的。

考察团首先参观了客服中心，由专业的客服人员介绍了公司发展历程、品牌故事、产品与服务、智能化模拟空间。可以看出来，这些介绍引起了考察团的兴趣。

随后，一行人进入一间圆形的会议室。

应 S 集团要求，本次交流的主要内容是案例介绍，由咨询机构介绍服务过的类似项目案例。

Sim 介绍了两个很有影响力的企业的项目案例，包括背景、合作内容、成果和收益，所有涉及企业内部的信息自然不会提及，这是咨询行业的职业规则。Sim 讲完后看向客户问："各位有什么问题吗？"

林总突然开口问："这两个项目都可以算是转型成功的，成功最重要的是靠什么？"

Sim 并没有揽功，他很坦诚地说："我个人认为，这两家企业成功的关键是它们自身的原因，并不是因为咨询公司。"

林总有些意外。Sim 继续说："像 A 公司，很清楚自己要什么，认准了向谁学习就不轻易改变；A 公司也一直秉承'少就是多'的理念，不追求复杂的理论框架，集中精力将最关键的贯彻到位；该公司对顾问要求也非常高，我们请了很多海外专家参与项目；同时该公司也选了一批优秀人才全职投入项目，白天跟着顾问一起工作，晚上内部复盘……"

"那么，可以讲一讲失败的案例吗？失败的原因又是什么呢？"一位副总裁问道。

这是一个挺有挑战性的问题，Sim 婉转而泛泛地"滑过"失败项目这个问题，但也总结了项目的几个关键因素，其中一个因素是"人"。

S 集团的副总裁回应说："人的因素确实很重要，我们之前也做过几次变革，也曾因为人的问题受阻，或者效果打了折扣。请问人力资源转型这个模块哪位负责？"

"我负责。"子亦迎着向她投来的目光，等待着接下来的问题。

果然，副总裁问了一个更有挑战性的问题："如果'人'跟不上，变革是不是会出问题？"

子亦思考了一下，沉着果断地说："当然会出问题。但，如果不变，问题可能更大。"

她言简意赅，但大家都明白，第二个"问题"与第一个"问题"不是一个问题，相互影响，重要度却不一样，孰轻孰重，由企业自己衡量、判断。

林总认真地看了看子亦，然后点了点头。

…………

交流结束后，送走了考察团，Sim 拍了一下手轻松地说："走，我请大家吃饭！"

席间，大家总结了一下，都觉得整体效果不错。

Sim 笑着夸赞子亦："子亦今天问题回答得妙啊，我看到林总也很认可。企业什么时候都有可能出现问题，但不能因为出现问题就停止变革，影响企业发展。"

旁边一个同事也跟着说："是啊，现在市场变化这么快，尤其行业 Top 位置的企业，不进则退，不可能一切都准备好了才行动。都在高速行驶中，只能边开车边修车。"她举起杯，向子亦伸过来碰杯，同时说："我这段时间接触下来发现，子亦说话不多，但总能一语中的。"

大家纷纷一起举杯，子亦忙举起杯和同事碰，她略带羞涩地说："谢谢！我也没说什么。"

Sim 笑了："干嘛这么谦虚呀！早就听 Charlie 经常夸你。"

子亦感觉到脸上发热了。

她发现自己特别不习惯成为众人关注的对象，也特别不习惯被人表扬。当听到有人夸赞她时，她第一反应是拒绝，并非谦虚，她真的觉得自己并没有那么好。

"是自己从小被批评惯了吗？是对自己要求太高了吗？"她问自己。

但另一个声音对她说："是你不够爱自己！"

两周后，S集团的招标结果出来了，子亦的公司赢了！

公司成立了PMO，子亦作为人力资源转型子项目的项目总监，开始筹备项目组，做项目启动准备。

同时，有了这份大单的业绩，Bob为她申请了晋升的名额，并让她准备一系列晋升所需的申报材料，进行能力认证，寻找推荐人。

什么才是真正爱自己

子亦这次并没有像以前晋升时那么兴奋和喜悦，反而显得有些犹豫。子亦将这个感受告诉了艾伊，艾伊问她："你以前喜悦，是觉得满足了你的什么需求？此刻你犹豫，是觉得有什么新的需求未被满足呢？"

带着艾伊的问题，子亦登上了回北京的飞机。刚落座她就陷入了思考："也许以前一次次的晋升是为了向别人证明自己有多么优秀？是希望别人认同自己的职场价值？希望证明自己？也就是说以前自己的价值感、自尊感和满足感都是源于甚至是依赖于别人的认可？"

子亦望向窗外广阔的云海，突然觉得自己仿佛独自漫步在云间。"在这个世界上如果只有我自己，我不再需要向别人证明自己，不再希望得到别人的认可，我自己对自己的需求会是什么呢？我会成为什么样的人？我会喜欢现在的自己吗？我将与现在的自己有什么不同？"

子亦将目光从绵延的云海收回，从背包里抽出本子，写下一个问题："你喜欢现在的自己吗？"停了一会儿，子亦又写道："你真的爱自己吗？"

子亦的嘴角微微上扬，此刻她在心里发笑："从小我们就被教育要爱祖国，爱党，爱父母，爱朋友，爱同学，甚至要对陌生人有足够的善意和爱，但唯独没有教我们如何爱自己。而从小我听到过的女孩子要自尊自爱，也只是告诉我们女性的行为和言语要端庄、要礼貌，要洁身自好约束自己，不要有坏的行为和思想。"

"是的，从小到大没有人告诉我们如何真正爱自己。那些自尊自爱仅仅是让我们对自己有底线、有原则的自我管束。那肯定不是爱自己的实质。"子亦接着想："那什么是爱自己？如何爱自己，给自己买礼物吗？让自己开心就是爱自己的全部吗？"

飞机一落地，子亦就给闺蜜雪儿和莉莉发了信息。隔了一会儿，她又给和自己关系比较亲近一点的同学、朋友、同事也发了同样的信息——

我在思考一个社会性的话题，请你帮忙回复以下两个问题，明晚12点前盼复，感谢你！

1. 成年人如何更好地爱自己？
2. 爱自己时可能遇到的最大阻力是什么？

子亦陆续收到了回复，每一条她都认真地读了又读。

美女，努力让自己开心算一条吧。每天让自己乐一乐，比如做自己喜欢的事情，和喜欢的人多待一会儿，看喜欢的书和电影，吃喜欢的美食。

爱自己最大的阻力就是没有足够的财富，要不然我会让自己过得更开心。

亲，多留一点儿时间给自己。我原来安排得超满，把时间都留给了工作、家里人、朋友，唯独没有给自己留出时间。现在我会刻意留出时间，让自己发发呆，听听音乐，画画，散步。给自己充足的时间，即使什么都不做，好好睡一觉，都会觉得更幸福了。

爱自己最大的阻力就是没有时间，没有自由吧。

妞儿，怎么想起调查这个话题了呢？我之前也想过，我们对别人都很宽容、体谅、鼓励和支持，好像轮到自己就剩下挑剔、苛责、贬损和否定了。总是觉得自己不够好，虽然嘴上不会说出来，但心里多半是这样想的，而且在自己做错事、受挫时心里常打击自己，否定自己，而不是安慰和体谅自己。如果将对别人的好都用在自己身上，就是更爱自己了吧。

爱自己最大的阻力是不接纳自己，不欣赏自己。

我的注意力整天都在我的宝贝女儿身上，看她今天心情怎么样，认真地听她讲她想说的事情，聊她感兴趣的话题，陪她玩她爱玩的游戏，陪她一起笑，陪她一起难过。只要是她喜欢的东西，有机会、有条件我都买给她。她有一点点小的进步，我都会夸她。不舍得责备她，会慢慢地给她讲道理。我这个爸爸算是典型的女儿控了。如果把我对女儿一半的心思花在自己身上，我就是一个超爱自己的人，但是现实不允许，男人需要对自己狠一点儿。

爱自己最大的阻力就是有很多的责任要先扛起来，有心爱的人要先照顾好。

让自己放轻松一些，可以冥想、做瑜伽、运动。让自己的身体放松、不紧绷的时候，我的心里也会慢慢地享受到轻松愉悦，所以我现在的作息很规律，不熬夜，也不会暴饮暴食。保持良好的饮食习惯才会有健康的身体。好的身体才是对自己真正的爱，哈哈。

爱自己最大的阻力就是放纵自己的惰性和口腹之欲。

亲近大自然，多在大自然中浸润。享受阳光的温暖、花草的清香，聆听鸟虫的歌声，被美景所滋养，在自然界中会有不尽的喜悦油然而生。爱自己，就多与大自然亲密接触，焦虑不安的情绪会得到很大的缓解。

爱自己最大的阻力是没有亲近自己、他人和大自然的能力。

爱自己，就让本我、自我和超我都得到适当的满足。本我充满动物性，追求及时行乐，所以要让自己多多享受。自我充满人性，关注自我的情绪，明白自己的喜怒哀乐的根因，接纳自己。超我充满神性，关注精神层面，让自己体会到生活和生命的意义。寻找到个人使命的人将获得很强的内在力量，而且拥有强自我价值感，自己也会深感喜悦、幸福、平和。

爱自己最大的阻力就是不知道自己是谁，不知道自己真正想要的是什么。

做个真正的成年人，不再背负小时候的不如意，不再背负儿时积压在自己身体里的情绪和自责。当我们的身体长大的时候，心智也随之成熟，可以有勇气面对自己的问题，有耐心去解决它们；可以允许自己不完美，有智慧去提升和接纳自己。允许自己悲伤，也允许自己快乐。做真实的自己，一致的自己。

爱自己最大的阻力是总戴着面具，扮演别人和自己所设定的角色。

除了爱自己，还要教会身边的人如何爱自己，让身边的人知道什么样的互动模式是自己喜欢的，什么样的方式是自己不喜欢的。不委屈自己，也不攻击别人。告诉对方自己的需要和边界是爱自己的重要步骤，令自己满意的人际关系才是爱的源泉。当然如果对方无意愿，我们也可以放下对他的期待，学会自我满足。

爱自己的最大阻力是把获得爱都押宝在别人身上，而自己又处在完全失控的状态。

爱自己就要相信美好的世界会善待美好的自己，相信那些心所向往的人、事、物都会随缘到来。真的相信自己配得上所有的美好，相信自己是独特而珍贵的，相信自己的到来会让世界变得更美好。亲，是不是觉得我太唯心了，但是我真的相信。

所以爱自己最大的阻力是不相信自己值得拥有美好。

…………

子亦感动于朋友们真挚的回复，每一条都在给她养分。原来这些思考不只是她在做，周围的朋友们也有同样的思索。子亦甚至想，也许这个话题可以触动更多的成年人去探索什么才是真正爱自己。

子亦打算把朋友们的回复整理成文章放在自己的微博上，她相信有很多人正像她一样困惑于其中，也相信还有更多人需要被开启爱自己的意识。她希望读者和她一样受益，走出困局。子亦决定在分享之前，将朋友们提出的爱自己的方法尽可能地尝试一遍。有了自己真实的体验和感悟之后，分享的内容才更立体，更有利于读者去理解什么是真正爱自己以及如何做到。

尝试从"本我"的层面爱自己

子亦从她认为比较容易实施的方法开始试行，逐步学会从多个角度去爱自己。列好行动清单后，子亦满意地伸了个懒腰，然后窝在沙发里，闭着眼睛欣赏刚下载的轻音乐。

子亦在网上报了冥想课程，跟随老师开始100天的冥想体验。在上冥想课之前，子亦查阅到冥想首先要放空大脑，将专注力放在呼吸上，以及对身体各个部分进行感受与联结。有些刚开始学冥想的人在网上进行了分享，前几次冥想时，脑子里会有各种念头不自控地冒出来，几乎不到一分钟就与呼吸和身体断开了联结。

子亦最有可能自主把控的时间是早晨，所以她将早起的时间提前了半小时，将这半小时用于练习冥想。她对自己的首次冥想体验并没有设定要全程专注，她只想感受一下传说中神奇的冥想。

伴随着冥想老师播放的舒缓音乐，子亦调整好自己的坐姿，将呼吸放缓。随着老师声音的引导，深深地吸气，慢慢地呼气，专注于自己的身体随着呼吸的起伏。子亦感受到呼气时肩颈、四肢、毛孔开始舒展，身体中有一些暖暖的气流从毛孔排出体外，同时感受到手心温热起来。吸气时周围清新的空气好像从脚趾、手指以及每一寸皮肤进入并慢慢地聚集在腹部，腹部微微地鼓起，随着下一次的呼气慢慢地放松，变得平坦。轻柔的音乐就像流水般淌入身体的每个细胞。子亦感受到自己的呼吸越来越平缓,身体松软,不知道什么时候靠在被子上睡着了。

再醒来时,子亦发现只过去了20分钟,但是感觉神清气爽。子亦心里发笑,原来还真如网友所说的不能在床上做冥想,太容易睡着了。不过子亦的意外惊喜就是解决了她入睡难的问题。原来自己一躺在床上,脑子里就不由自主地想到白天的工作、生活、人或事,很难入睡,所以曾经习惯睡前吃一些褪黑素。子亦还下载了听书软件。每晚选一些虽然自己对内容并不是特别感兴趣但主播的声音很平和温润的书,听着慢慢地入睡,是子亦的又一种方法。子亦想,如果学不到冥想的真谛,但能够帮她入睡,也是受益了。

莉莉听说子亦在学冥想,特意送了子亦一瓶精油,说在冥想的时候可以擦在手腕处。淡淡的薰衣草的清香弥漫在身体的周围,一呼一吸间,子亦仿佛置身于薰衣草花园中。每天清晨的冥想,子亦还时不时地会进入睡眠状态,但冥想结束后整个人的身体都感觉放松、轻盈了,没有以前早起后仍有困意或者头晕乎乎的状况了。

莉莉很开心,觉得子亦终于开窍了,知道学着享受生活了。她发了几个链接给子亦,里面介绍香薰、护肤品,还有一些功能食品、保健品。莉莉强烈推荐了几款益生菌,还有一个清理肠道垃圾的药品。莉莉知道子亦常常出差,饮食不规律,容易便秘。子亦又不太注意饮食,不怎么爱吃蔬菜和水果,所以年轻的时候脸上容易长痘,现在又开始起了一点点黄褐斑了。

子亦疑惑地问莉莉:"你确定让我吃这些吗?你确定不是在交智商税?"

莉莉发来长长的一段语音:"小主,放心吃吧,雪儿和我都当过小白鼠了,这些是极好的。这个清理肠道垃圾的药,安全性很高,不是那种对肠道有刺激或有伤害的泻药。它在肠道里并不分解、吸收和消化,它是把肠道里的垃圾收集起来,软化以后再排出体外,十分安全而且没有依赖性,小主你放心吃吧。还有,排完肠道内的垃圾后,再补充益生菌,让肠道中的菌群含更多的益生菌，那些有害菌就没有生存空间了。肠道是我们最重要的免疫器官，所以肠道菌群是改善我们健康状况的特别重要的因素，对身体的年轻态呀，健康值呀，太重要啦。听雪儿说，肠道菌群健康还对人的情绪有很多益处。有专门的文献针对肠道菌群中益生菌对健康、情绪有益的介绍。具体的，要不然你问雪儿吧，反正没坏处。别偷懒，对自己要更好一点哦，按时吃。我们三个要一起美美的，哈哈。"

莉莉马上又补充一条语音："不用怀疑，我可没有加入直销被洗脑，也没有做电商呵呵。"

子亦常常羡慕莉莉总是能发自内心地欢笑，总是看到阳光灿烂的世界，总是知道如何让她和周围的人更加快乐。

同时，子亦开始加强锻炼身体。她身材苗条，但肌肉力量不够。

她尝试慢跑。上学时她最怕的便是女生 800 米和 1500 米跑步测试，过程中生不如死地跑跑走走，成绩通常是不及格。没想到的是，40 岁后，竟然可以通过调整呼吸的技巧，匀速一口气跑 3000 米。原本以为与跑步无缘的她，令人惊讶地喜欢上了跑步。

还有什么限制了自己呢？

她又尝试搏击，这项丝毫不淑女的运动，吸引了她。挥拳、踢腿，这些动作，她从刚开始柔软无力到越来越快速、越来越有力量，让她体会到了前所未有的释放。

她邀请悠悠和韩岩一起去跑步、练搏击，他们在一起运动的过程中也感受到了活力和快乐。

子亦的身体变得年轻了，她的心灵也年轻了。她渴望享受一场回到青春的旅行。自从有了悠悠之后，周末和假日几乎全部用于陪女儿和家人。她有些怀念婚前和女朋友们无牵无挂地出去玩、逛街、吃饭，不需要考虑太多,不需要照顾这个那个,一切随自己意,轻松自在。

于是她某天在有莉莉和雪儿的闺蜜群发微信:"你们想来一个闺蜜之旅吗?只有我们,不带家属。"

莉莉几乎秒回复:"双手赞成!"雪儿也发了个拍手欢呼的动画图片,然后问:"想去哪里?"

"去腾冲!"莉莉发来的语音中透着明朗的喜悦:"10月的腾冲银杏叶铺得满地金黄,再泡个天然的温泉浴,去和顺古镇慢慢悠悠地闲逛,一定会让你不想大北京。在那里待着特别减压!行程和住宿我可以安排,正好有同事刚去过,我让他推荐下行程。"

又是一场说走就走的旅行,加上周末一共四天。

上一次是差不多一年前,子亦当时心情极其糟糕,独自跑去了色达。在身心均剧烈痛苦的时候遇到了艾伊。现在回想起来,那次旅行、那个人、那些话,仿佛都是命中注定的,那次旅行像是子亦生命中的一个里程碑,此后子亦感觉到了自己的变化,特别是内心中的自我力量再一次被唤醒。有时候子亦自己都有些怀疑,遇见的艾伊是真的吗?那一幕太戏剧性了,那么不真实,像是一场梦,但又如此清晰,历历在目。

对这一次旅行,子亦充满了喜悦和期待。她和韩岩、悠悠说明了情况,他们痛快地批准了,放她几天单飞,条件是回来要带好吃的。而他们俩也排好了丰富的周末活动。

莉莉咨询同事后,制定了精彩的行程,准备了很多物品,甚至连三个人泡温泉的泳衣都买了同款不同色的。子亦这次大撒手,什么都听莉莉和雪儿的,甘心做一枚"傻白甜"。三个人都超级兴奋,因为这样的三人行距上一次已隔了近15年。她们好像不仅仅是旅行,更像是追忆少女时代。

她们入住和顺古镇。古镇安静悠然,清晨配上公鸡的打鸣声,极具田园逸趣。狭窄蜿蜒的青石小路，徽派风格的古色小屋，清澈的小池塘，别致的洗衣亭，微笑着的当地居民，形成了一幅世外桃源般的古风画面。三个人从城市喧嚣中剥离出来，深深地被古镇吸引，感觉自己穿越到了几百年前。

她们驱车来到樱花谷，像自在飞行的百灵鸟，对看不过来的美景，有道不完的感慨。站在山顶远眺云雾在山间萦绕，金灿灿的阳光洒在云层上，与山顶一起勾勒出柔与刚的融合美。

子亦惊叹道："世界从来就不缺美景。"

雪儿紧跟着说："缺少享受美的心境。"

莉莉也跟着说："还缺少欣赏美景的眼睛。"

三人默契地相视一笑。

从腾冲回来后，子亦与老板 Bob 沟通暂缓提交晋升材料，因为她知道晋升意味着她将背负更高的业绩目标，更多的时间将被投入于会议、数字，而相应地会减少专业性工作，而这些并不是她感兴趣的。

她希望搞清楚自己未来的工作和生活如何安排才不枉此生。她不想再为了别人的期待而活，不想再向别人证明自己。她希望活出自己想要的精彩。

尝试从"自我"的层面爱自己

子亦重拾小时候的兴趣，报了网上的绘画课，每周抽出三四个小时学习彩铅绘画。出差的时候，她的行李中多了几样东西，彩铅、画本成为出差时最好的陪伴。白天紧张的咨询项目告一段落之后，晚上独自在酒店的时候，子亦不会像原来那样往前赶工，以节约时间好安排其他项目，而是播放自己喜欢的轻音乐，在音乐中细细地打磨自己的彩绘作品。她最喜欢画风景，画面从几笔勾勒开始，逐渐形成结构，再层层叠色。鲜亮、清新、温暖、充满生机的风景跃然纸上，这就是自己心中的风景。过往一直压在心中的雾霾被一笔笔彩绘慢慢地消融。心中的风景给子亦带来悦目悦心的享受。

子亦断断续续写了一年多的情绪日记。生日当天,她特意翻出日记本从头阅读,有一种像是在读别人日记的感觉。匆匆翻看,将自己拉回过往的一年。她对日记中的自己产生了一种悲悯,在心中对自己说道:"亲爱的,过往的一年你过得真不容易,让我为你感到心疼,也为你能不断地探索自我、坚持向前而感到自豪。你真的很棒,相信你会越来越棒。你的内心逐步找到了力量,你开始了解自己,对自己的情绪负责,对爱自己负责。"

复杂的情绪聚集起来,子亦希望记录下此时此刻的所想所感所悟。她想,如果再过一年回头看今天的情绪日记,自己又会是什么样的感受呢?她决定记录下此时的所想所感所悟,算是送给自己的生日礼物。

子亦先在日记本上写下问自己的问题:"如果描述你过往一年的状态,你将如何描述?"子亦静静地回想了一会儿后写道:"痛苦、挣扎、成长、改变、包容、允许、坚持、坚定。"

"看到这些词时,你的感受是什么?"子亦接着问自己。

子亦停顿了一会儿,深呼吸了几次,写下:"我感受到自己身体内有复苏的力量,心中仍有些石头压在那里,虽比之前压得喘不上气的感觉轻了很多,但还是有一些不通畅的感受。而且,情绪有些复杂,有喜悦和平静,也有一点点伤感。还有一些痛,一种说不出的隐隐的痛。各种情绪合成了一团,现在就好像在我的心口堵着。"

子亦感受着自己当下的情绪,稍后写道:"感受到自己这个复杂的情绪组合,如果它有形状、颜色、温度、重量,会是什么样的?"

子亦也很奇怪,自己是如何想出这么有趣的问题来让自己回答的。她又做了一次深呼吸,闭上眼睛,然后把气息带到心口那里有一些堵的地方,脑子里渐渐地形成了一个奇怪的东西,好像是一个带着长短不齐冰凌的晶莹球体。表面像冰一样透明晶莹，内核是温柔的暗橘红色的小团子。这个小团子看上去很柔软，像是固体又像是胶状体，没有光泽却给人温暖的感觉。子亦很奇怪，脑子里的这个画面的寓意是什么？

接着她写下了这个问题："看到这个情绪组合体的样子，你联想到了什么？"

"自己那些温暖的情绪，一直被冰冷的情绪包裹着。首先感受到的是冰冷带刺的情绪，而温暖的情绪需要更深的体悟才能捕捉到、感受到。"

"如果你可以重新设计你的情绪组合体，你想把它变成什么样子？"

子亦闭上眼睛凝神注视着那个晶莹的球体，脑海中的画面是她把暗橘红色的小团子拿出来，轻轻地握出一个有弧度的形状，留出了1/4的开口，冰凌则摆放在缺口之处，这个情绪组合体像是一个模样有点奇怪的皇冠。

子亦接着写道："这个特别的皇冠形情绪组合体，你想赋予它什么寓意呢？"

想了一会儿，子亦答道："情绪有冷暖，可以同步感受，而不是将冰冷的情绪放在最外显的位置，只感受到冰冷而没有机会去感受温暖的情绪。过去自己太专注于感受和记录自己冰冷的情绪了，现在我希望两种情绪能被我同时关注，同时了解它们在向我传递什么样的讯号，关注它们以不同温度和方式表达的对我的关切。"

写完这段话后子亦又做了一次深呼吸，心中堵着的感觉又消失了一些。

"是的，我也需要关注那些令自己温暖的情绪，记录自己的喜悦、兴奋、激动、自在、平和、极乐的情绪，让自己多停留在这些温暖的情绪中。子亦，值得拥有喜悦！值得拥有幸福！值得拥有美好！！！"子亦画上三个大大的叹号方合上日记本。

她想起在腾冲与闺蜜的对话："世界从来就不缺美景。"

韩岩首先发现子亦有明显的变化。

子亦在与女儿对话互动时不完全像个很具有权威的家长了，很多时候更像一个大姐姐。一起吃零食，谈共同喜欢的历史人物；一起画画，相互指导如何调整画面的结构、色彩；一起慢跑，彼此鼓励；一起畅快地大笑，而后又悄悄地耳语。

更让韩岩觉得可笑又可爱的是子亦会和悠悠一起向他撒娇，让他宠着她俩，得逞后她俩会相视得意地坏笑。

他喜欢子亦的变化。

子亦一直很理性，有逻辑，爱思考，爱质疑，而且风格内敛。她喜欢看的书、电影都偏这类的，那些纯娱乐性的节目很少看。之前，子亦不理解韩岩的笑点为什么那么低，那些无厘头的电影、小品、综艺节目怎么会让他笑个不停？心里还曾经冒出过这样的想法："韩岩不求上进，只图享乐，所以他不爱学习，不爱看一些有用的书，把时间都浪费在这些无聊且无价值的搞笑节目上。"因此有时看见韩岩大笑，还会嫌弃地瞥他一眼。

在子亦的印象中，她的同事和她工作中接触到的客户高层，平常谈论的多是政治、经济、战略，或是行业、企业的发展趋势，或是某企业家的成长经历等。自己关注的订阅号也都是与此相关的，每天都紧跟着最前沿的消息成为她的必修课。好像错过这些专业信息她就会脱离圈子一样，这种紧迫感促使她不断地补充一些工作上需要的信息。

现在子亦不再执着于自己认为有料、有价值的书、电影或者公众号了，她允许自己有多样的选择性。她开始和韩岩一起看综艺节目、喜剧电影，看后一起讨论；和女儿一起读《哈利·波特》，计划着去英国环球影城坐小火车、喝黄油啤酒；关注了雪儿、莉莉推荐的心理类、女性话题类公众号，如"简单心理""舒女妍究社"，等等。

雪儿是第二个关注到子亦有明显变化的人。雪儿留言："我曾听一些人说，换一个视角看世界是一种自欺欺人的行为，因为那本不是你原来的样子。亲爱的，你是怎么看待这句话的呢？"

子亦知道雪儿是担心自己为了改变而改变，走向另一个极端。她回复道："保持原来的态度和视角就是忠于自己吗？改变观念和风格就是自我欺骗吗？一个人如何知道原有的念头就是真实的自己，而不是被别人或被环境套上的一种模子或者一种枷锁？如何知道自己在当下与未来不可以有其他选择？甚至为什么不可以进入另一个平行世界呢？"

雪儿读完子亦的回复后，笑了："妞儿，祝福你，支持你！"

子亦感觉自己的生活被打开了更多的窗口，每个窗口外面都展示出别样的风景，虽然和以前的不同，但同样充满了精彩的吸引力。

最近子亦在家里的笑声、在工作中的笑声、在生活里的笑声越来越多，清澈而爽朗。有时子亦听到自己爆发出来的大笑之声都会被惊到："这是自己的笑声吗？"短暂的自我觉察让自己收获了喜悦："是的，是自己的笑声。那是发自内心的、快乐的笑声，自在的、放肆的笑声。"

开启从"超我"的层面爱自己

一年多之前在色达遇见艾伊之后子亦就希望学习教练技术。她被艾伊平和、自信、睿智、优雅的状态所吸引，由此对教练技术产生了兴趣。兜兜转转的一年，子亦终于下定决心报名参加了 ICF 教练课程，这个课程将于春天开课。她希望自己通过系统的教练技术学习后能像艾伊一样。

子亦想："也许我也可以成为一名能帮助女性成长的教练，像艾伊一样对另一个迷途中的'子亦'有帮助。也许在教练学习中还能让自己打开另一个平行世界，找到我人生更大的意义与使命。"

练习

1. 尝试每月从以下方向回顾爱自己的三个层面（本我、自我和超我）。

(1) 爱"本我"的方向

享受物质生活：美食、彩妆、礼物、娱乐等；

享受健康：运动、保健、冥想、合理安排作息、SPA等；

享受自然：旅行、种植、养宠物、适度探险等。

(2) 爱"自我"的方向

认识自己：通过人生脚本、绘画分析、梦的解析、沙盘、OH卡等认识自己的心智模式；

接纳自己：通过与自己对话、写情绪日记等，感受和释放自己的情绪，包容、体谅、鼓励、理解那个"阴郁的自己"；

成长自己：常感谢自己、关注自己的优势，与自己的"温暖情绪"多待在一起，重拾自己的兴趣，学习新的知识，培养新的技能、突破自我设定的瓶颈。

(3) 爱"超我"的方向

看见他人：感知他人的需求和渴望，给予积极、正向的响应或反馈；

支持他人：用自己擅长且喜欢的方式为他人提供价值，且彼此均受益；

看见环境：了解自己生活的周围环境（包括自然、人文、社会环境），了解它们对自己可能带来的影响、限制与支持的程度，选择有利于自己的环境；

支持环境：通过个人影响力创建自己和他人更喜欢的环境，让世界因你的存在而更精彩。

2. 结合第1项练习，判断你目前最希望在爱自己的哪个层面得到满足。

3. 选择你最喜欢且可行的爱自己的方式，坚持下去，并记录自己的感受。

4. 分享爱自己的方式，让周围更多的好友亲朋开启爱自己的生活。

第十四章

与父母和解

——"对不起","谢谢你",爱需要说出口

不一样的团聚

　　春节将至,回哪里过年的问题又摆在子亦和韩岩面前。往年对于这件事,子亦是无所谓的态度,有时一年回韩岩父母家,一年回子亦父母家;有时因为韩岩父母身体状况不好,或想孙女了,会连着两年回韩岩父母家。他们也曾把父母接来北京过年,但他们来过一次就再也不愿意来了。虽然子亦在韩岩父母家里通常没有那么自在,但她在自己父母家也并没有轻松多少,子亦会习惯性地紧张,努力表现出好女儿、好姐姐的样子,可还是被父母唠叨个不停。

　　不过,今年子亦想回自己父母家过年。

　　她对自我的抚育已经进行一段时间了,感觉成长中的伤痛被修复了很多,她越来越多地展现出轻松、活泼、可爱的一面,整个人更加多彩、柔和。她和父母、弟弟之间的沟通也增加了。神奇的是，父母和弟弟对她也变得更加关心和体贴。

"世界是由自己创造的，你看待它的视角变了，它也就变了。"

子亦在自我反思时脑子里冒出了这句话。可能她变强大了，身边人能感受得到，对她的态度和方式会随之改变；也可能他们根本没有变，以前自己关注的、在意的被放大了，现在只是把哈哈镜去掉了而已。

没想到她还没开口，韩岩主动提了出来。

一天晚饭后，两个人在厨房里一起收拾。这是子亦喜欢的场景，老夫老妻式的温馨中夹杂着分担的甜蜜。

子亦很欣慰，韩岩现在不再要求子亦像他的妈妈一样"贤惠"——没有自己的事业和生活，将全部精力放在照顾家上面。因为他的妈妈把所有时间都花在了操持家务上，而爸爸是那种看到油瓶倒了也不会扶，反而会指责老婆为什么出现如此错误的一家之主。他从小看到妈妈从早忙到晚，爸爸看报纸、喝茶、批评妈妈，他心疼妈妈，虽然他不善于表达，但会帮妈妈做些什么，只不过每次妈妈都推开他，让他去学习。

韩岩抢着洗碗，子亦在他身后给他系上围裙。韩岩拧开水龙头，边洗碗边说："今年过年去你爸妈家吧，我和我爸妈说了，他们没意见。"子亦从背后轻轻环抱住他。

子亦原本以为需要花时间反复商量的事情，就这么意外而温暖地定下来了。

小城的春节格外热闹，充满了节日喜庆的气氛。家里照常贴了春联，挂上了喜字，备上了水果、干果、酒肉。为了准备除夕宴，妈妈提前几天就开始列菜单，准备食材。子亦一家三口在除夕当天拎着大包小包的礼物回到家。子亦和弟妹在厨房帮忙，韩岩被子健拉着交流已婚男人的心得，悠悠给姥爷演示如何玩手机游戏。

晚上全家人围坐在一起吃年夜饭，看春晚。

韩岩举杯向子亦爸妈敬酒，子亦妈对韩岩说："说实话，我们到现在也没搞明白子亦一年到头在外面瞎跑都忙活些什么，就知道她挺忙，电话也经常不方便接，家肯定也顾不上，你别介意呀。"

这样的话，父母以前也说过。过去子亦每每听到，便会产生失落和厌烦的情绪，觉得父母不理解她，不仅不理解她的工作，还否定她在生活中的角色，但每回她又会将情绪压抑下去，假装没听到。

现在的子亦，听到同样的话，却听出了父母心疼她，听出了父母为她向韩岩致歉。她也没有再沉默，笑着说："妈，放心吧，您女儿这么优秀，能做好工作，也能照顾好家。"她转向韩岩问："是吧？"韩岩有些措手不及，忙连连点头，引来一家人的笑声。

…………

大年初一一早，子亦妈起床后感觉腰不太舒服，子亦和韩岩承担了家务，不让子亦妈再干活。子亦爸帮她按摩，怪她这把年纪还不知道注意轻重，为了准备过节累着了自己。

大年初二，子亦父母要去参加知青聚会。子亦妈坚持要去参加，她说腰好些了，聚会就是坐着，也不会累。家人劝不过，子亦不放心，于是她陪着父母一起去参加聚会。

在餐馆宽敞的大包间里，阵阵高分贝的欢声笑语，让子亦觉得父母那一辈人的嗓门似乎格外响亮，可能是从小唱着红色歌曲，喊着革命口号长大的原因吧。一群近70岁的人，凑在一起时个个像年轻人般活力四射，欢快地打趣着，大声地笑着，不厌其烦地回忆着共度的青春岁月的点点滴滴。子亦是第一次参加他们的聚会，有几位叔叔阿姨是见过的，她本想低调地打个招呼后找个安静的地方等候，但没想到她引起了所有长辈的注意。

"哎呀，这是子亦呀！长这么大了！"

"我是李阿姨呀，你小时候我经常去你家抱你的……"

"我也经常抱呀，子亦是我们这些人的第一个孩子吧，稀罕着呢！"

"我还记得你小时候的模样，一见人就笑，一笑眼睛就变成小月牙……"

"子亦长得随爸爸，你老爸年轻时可帅呢……"

"老信啊，看到子亦我想起你的枪法了，哈哈。子亦生下来后得了百日咳，我当时告诉你个偏方，你还信了，跟队里借了枪，打麻雀给孩子吃治病，最开始怎么也打不着，后来居然练得百发百中啊！"

"那时候你们家院里养着鸡鸭，还有一只狗护院，你不记得了吧？每天早上你扭着小屁股去院里捡鸡蛋、鸭蛋，可高兴呢！"

"你小时候真是享福，好吃的都供着你，队里养奶牛，你每天喝牛奶。你爸每次出车回来都带回来鱼呀肉呀，那时你连大白兔奶糖都不稀罕了……现在怎么瘦成这样呀，多吃点啊！"

"子亦，你还记得那个看你的奶奶吗？你妈不放心你去托儿所，花一半工资请隔壁奶奶照顾你。对了，她是前年去世的吧？"

"你弟弟怎么样了？他几个月大的时候回来的吧？没赶上好时候哦，从小体质就不好，听说老是生病……"

"你妈今天腰不太好呀……哎哟，你两岁前都不愿意走，去哪儿都得抱着，你妈连干活都得用布兜背着你干，可受了不少累呀，不是落下病根儿了吧？"

…………

原来，在记事之前，或者说在三岁前孩子性格形成和能力培养的关键期里，自己是被父母、周围的人如此爱护着的，只不过自己不记得。她的记忆是从有了弟弟之后开始的，她的记忆只是自己想记住的一部分而已。

子亦看向爸妈，想他们年轻时经历了什么——两个人都是从小失去双亲、由姐姐带大。姐姐成家后，为了不成为拖累，十几岁的年纪便主动申请下乡。只身离家十余年，在条件艰苦的环境里劳作、生活，然后结婚、生育，本以为就要这样过一辈子了，却又可以回原籍地了。于是，拖儿带女回到原籍地，一穷二白，在亲戚家借住，托人找工作，一切都从头开始。

"如果我是他们，我会做得更好吗？"子亦在心里问自己。

他们所经历的，比自己经历的坎坷艰难了太多太多！他们为了最基本的生活辛劳奔波，在不可控的环境中努力供孩子吃好、学习好。

而自己，不曾寄人篱下，不曾吃不饱穿不暖，不曾做过粗重活儿，不曾想学习却无法上学，不曾为了有一个住处而选择工作单位，也不曾为了多挣点钱去扫大街、糊信封……与这些相比，那些使自己困惑的成长的烦恼又算得了什么呢？

为什么会得癌症

聚会结束后，爸妈仍处于亢奋状态，但身体却不免乏了，爸爸又喝了些酒，于是子亦照顾他们早早睡了。

第二天早上，妈妈却起不来了。妈妈原本是每天雷打不动地6点多起床做早餐，今天想起床时发现身体怎么也不听使唤。她看丈夫还睡着，不想吵醒他，又尝试了几次，都无法坐起来。她有些害怕了，终于忍不住喊醒了他。

子亦和爸爸各一侧扶着妈妈起床，妈妈腰以下软软的，腿根本站不直，更是无法走路。他们以为是腰椎间盘突出，扶着妈妈去医院。正逢春节，大夫不多，值班的急诊大夫让拍了X光片，可看着片子却说看不出问题，于是说不如节后再来，建议检查一下脑部。

接下来几天，情况越来越糟。妈妈只能躺在床上，动不了，全家人轮流承担家务。子亦给妈妈喂饭、洗漱时，悠悠也在一旁帮忙，像大人一样。子健和韩岩则找了认识的当医生的朋友进行咨询，同时查询资料，研究解决办法。最后，子健联系上了一家知名脑科医院的医生，他们带着妈妈去医院拍了片子。结果出来了——肿瘤！

共有两个肿瘤，一大一小，其中一个压迫了脑部的运动神经，所以出现行动问题。脑部肿瘤的发展速度快，需要立即手术。医生还建议做全身PET扫描，很可能脑部不是肿瘤原发病灶。

"怎么可能？！"子亦听到这个消息，不能相信，脑子一片空白，不知该说什么，不知该做什么。

老信反复问要不要再照个脑部核磁确认，医生有点不耐烦地说不用了，很明显。老信不吱声了，木木地问："还有多长时间？"

医生很直接地回答："不好说，如果是转移的，也就3到6个月吧。"

老信和子亦终于忍不住泪奔。

这时，子健反而瞬间成熟，与医生交流如何手术，会有什么风险，是否会复发，何时可以安排，谁主刀，费用多少，后续如何治疗，等等。

从医生办公室出来前，老信说："不要告诉你妈，她承受不住的……"然后便说不出话来，子亦和子健点点头。老信和子亦擦干眼泪，妈妈由韩岩、悠悠、弟妹陪着在外面，他们必须故作轻松地走出来。

"没什么大事，是脑积水，做个微创小手术把积水抽出来就好。"子亦这样对妈妈说。

子健和子亦一起去办手续。

子健对子亦说："姐，手术会马上安排，你们工作忙也不好请假，有我们在这里照顾妈。"

子亦红着眼睛说:"让韩岩和悠悠先回去吧,悠悠过几天开学。我可以请假。另外,手术费我来交吧!"

"手术费只是第一笔,后面的治疗还不知道要花多少钱,肯定要一起解决,大不了我把房子卖了……"子健说。

子亦抬头看弟弟,意识到脱离了妈妈羽翼保护的他其实早已是个而立且有担当的男人了。

癌症,为什么会得癌症?为什么是妈妈?

虽然癌症越来越多地出现,但子亦始终觉得它离自己家人还很远。它的突然出现,让她措手不及。黑夜里她睁着眼睛,无丝毫睡意,于是干脆起来上网查询,看到可能的几个原因。

1. 抽烟喝酒导致。

妈妈不抽烟不喝酒,这点不符合。

2. 因饮食习惯不健康引起。

爸妈一直很注意养生,每天看养生节目,用餐清淡,少油少盐,从不叫外卖,他们都不胖,血压血糖都正常。这点应该也不符合。

3. 不良生活习惯、作息不规律导致。

爸妈作息规律,早睡早起,从不熬夜。但是,他们年轻时确实超负荷劳动过,妈妈在成为妈妈后又几乎承担了一切家务活,从不吝惜体力地扛重物、搬东西,可能有关系。

4. 因为人的心理或者情绪引起。

人长时间处于很差的情绪里面,就会引起身体的不良反应,影响激素的分泌水平。有人把不良情绪比作装满子弹的枪,任何微小的刺激都会扣动它的扳机。"不良情绪是癌细胞的活化剂"。如乳腺癌患者多因长期忧郁,肝癌患者大多有"大怒"伤肝的经历,胃癌患者则常生"闷气"。万病源于心。生活中原本就存在着"癌症性格"，如思虑过多、抑郁、内向、喜怒不溢于言表、自我感觉差、与别人交流少。

妈妈并不是内向的人，她曾讲过自己小时候是孩子王，上树翻墙如男孩子；年轻时风风火火，爽快能干。子亦眼中的她却更多的是在当"妈妈"后展现的一面，大小事务无一不操心，上下里外惦记得太多，而且往往想到最坏的结果。她从小就听到妈妈挂在嘴边的话是："小心点，不要摔了""好好学习，要不以后扫大街""快些，肯定迟到了""咱家都不长寿的，没有超过70岁的"……

子亦又想到，妈妈近几年总向她和子健抱怨，抱怨爸爸花钱，抱怨爸爸不在家陪她，抱怨爸爸不帮忙……这些抱怨便是负面情绪吧，子亦有时听后劝两句，有时忙就没太理会，有时会生气地一起责怪爸爸，但不管怎样，都没解决父母之间的问题，也没有真正帮到妈妈。想到这里，她很懊悔，很内疚，如果自己可以更早意识到妈妈的负面情绪就好了。

子健发来一个网址，他也睡不着。她打开一看，是一个叫作"与癌共舞"的网站，里面有很多抗癌的故事、案例、就医攻略、最新药品介绍、论坛交流，等等。

看了几个真实经历，看到那么痛苦的治疗过程，子亦更难受了。

妈妈将要面对的是什么？不敢想象。

如果可以，她愿意替妈妈分担。白天在妈妈面前装得轻松、乐观，现在她被内疚、无助、难过冲垮。她颤抖地抽泣起来，一双温暖的手揽在她的肩上，轻轻拍着，是韩岩，默默地，懂她地，直到她慢慢停止哭泣。

不吝于表达

次日，子亦请了假并改了机票，韩岩带着悠悠先回京。悠悠拥抱了姥姥、姥爷，和他们告别，老信注视着韩岩搂着悠悠肩膀离开的背影，像是自言自语，又像是对身边的子亦说："我好像从来没有这样搂抱过你们。"子亦一惊，因为她前一秒心中正在想："为什么我的爸爸不能像韩岩一样让我感受到爱和亲昵呢？"所以当她听到父亲的话，鼻子一酸，转过头，却见老信已经转身走开了。

第二个不眠的夜晚。

子亦走出门，看见艾伊站在路灯下。

"艾伊，你怎么在这里？"子亦惊讶地问。

"我的家也在这里。"艾伊关怀地注视着她，"你还好吗？"

子亦摇头："不好，特别不好。我妈妈得了癌症，我一直关注工作，关注我自己，却忽略了她的辛苦、她的情绪。如果我能更多地关心她，也许就不会这样了。艾伊，我是不是很不孝顺？"

"你现在什么感觉？"

"内疚、自责、惭愧……"

艾伊伸出双臂拥抱了一会儿子亦，子亦在她怀里感觉安定了很多。

"接下来的一段时间，你都要照顾好妈妈，所以你现在的情绪和身体要保持好的状态。你知道吗，病人会比平时更加敏感，你的情绪她会感知得到。而内疚、自责、惭愧是排在第二的负能量，会伤害身心健康。所以，你要转变，带给妈妈正能量，才能加速让她好起来。"

子亦认真地听着。

"再来说说你的内疚吧。每个成年人都要为自己的身体健康负责。妈妈的病不是你的错。"

"可是，如果在她抱怨的时候，我能安慰她，能劝爸爸改一改就好了。"

"子亦，父母的问题需要他们自己解决，就像你和韩岩的问题也只能你们俩自己解决。你会把悠悠拉到你们俩中间让她评判谁对谁错，或让她协调你们的矛盾吗？"

子亦摇摇头，她承认艾伊说得对，但内疚依然散不去。

艾伊好似知道她怎么想的一样，继续说："有个词叫心理游戏，由三个角色构成，受害者、迫害者、拯救者。很多父母中的一方认为自己是受害者，而另一方是迫害者，向孩子倾诉，把孩子当成拯救者。如果孩子想充当或充当了拯救者的角色，这个游戏自此便开始了。受害者总觉得自己是受害者，似乎没有能力解决自己的问题，于是形成受害者思维，总觉得别人对不起他，发现或制造证据证明自己在受苦。而拯救者因为关心受害者，便无形中接管了受害者的问题，背负了自己无法解决的负担。"

"是不是拯救者不再当拯救者时，这个心理游戏就会结束了？"

"是的，尤其是当父母把自己当成受害者，把孩子当成拯救者时，父母就变成了没有能力的儿童，孩子要努力成为能解决问题的成年人。要让受害者摆脱这个角色，才能促使他们用成年人的方式解决问题。另外，这也会影响孩子与父母之间的关系。当你是拯救者时，你对父母怎么看？"

"我觉得妈妈很可怜，爸爸做得不好，会不自觉地疏远爸爸。"

"你的疏远会让他们更亲近吗？"

"不会。"

"你对爸爸的疏远和不满，是你妈妈想要吗？"

"好像也不是……"

"孩子是父母的结合体，父母中的一方越不满于另一方的某些地方，孩子便会在潜意识中与那些不满之处联结，越来越像另一方。"

"哦，怪不得我越想疏远爸爸，却越来越像爸爸。"

"继承了父母的什么，是我们可以选择的。那么，下次你妈妈再抱怨时，你能做什么呢？"

"在他们俩之间，我应该跳出来，鼓励妈妈去和爸爸沟通。"

"对。现在，你还有拯救者无力的内疚吗？"

"我可以放下这种负能量了。谢谢你，艾伊。但一想到妈妈的生命可能只有几个月了，我就无法接受。"

"子亦，很多人知道自己得了癌症后，是被信念击垮的，而不是被癌细胞击垮的。不告诉她真相，不是解决办法。她以后会感觉到，会更加胡思乱想。你要相信妈妈的生命不会只有几个月，也要让妈妈相信这一点。她经历过很多艰苦，她比你想象的坚强。"

"嗯，也许你说的对。妈妈有权知道，也有权选择。我们不应该以为她好的名义替她做任何决定。你知道吗？我在心里做到了与父母的和解，但似乎太迟了……"

"很多人终其一生都在治愈父母和童年的创伤。你在心里做到了和父母的和解，也要表达出来，让他们知道。有人说'父母一生都在等一句谢谢，儿女一生都渴望得到一句对不起'。父母还在，不迟的。不要吝于表达，不要让自己后悔。"

子亦不禁拥抱艾伊。艾伊拍拍她的后背，轻轻说："接下来的几年你要辛苦一些了，但会好的。"

手术时间确定了，他们用轮椅推着妈妈办理住院手续。

一个护士让他们暂时等待。十几分钟后，老信又去问，护士还是说等。妈妈坐不住，老信又问护士能不能先安排病床，手续他们再来办。护士不耐烦地说，没看在忙嘛，这么多病人要一个一个来呀。老信脾气上来了，和护士争吵了起来，大声说，病重的人应该先办，如果按顺序为什么晚到的人先办了？护士不示弱地说按规定办的，嚷嚷也没用。旁边人也纷纷东一嘴西一嘴，一片嘈杂。妈妈坐在轮椅上哭起来，说都是自己这病闹的。

子亦把爸爸拉住，子健安慰着妈妈。

"爸，别生气，我去处理。"子亦对老信说。

"这什么医院呀！"老信怒气未消。

"这个护士态度是不好，不过重要的是给妈妈治病。医生和手术是最重要的，再说妈妈一着急一生气更影响身体了。"

"唉，对不起，闺女，我这脾气太急。"

"我理解，爸你也是担心妈妈。"

老信用手拍了拍子亦的肩膀。在子亦记忆里，这是爸爸与她难得的肢体接触。

在病房里，子亦给妈妈洗漱，她细心温柔地擦洗、按摩。妈妈说："辛苦闺女了。"

这和你为我们做的相比，算什么呢？子亦心里想。她又想到艾伊的话，对，应该表达出来。她看着妈妈的眼睛说："妈妈，应该谢谢您！您为我们操劳、辛苦这么多年，付出太多了！"

妈妈眼睛泛红，想拉子亦的手，但意识到身体不灵活又不免难过："我一辈子好强、利索，怎么就得了这个病……"

子亦故意打趣道："您平时干得太多，这是让您好好休息休息呢。等您好了，也要悠着些。"

妈妈叹口气："能好吗？"

"当然能！"子亦忍住眼泪说。

手机响。悠悠和韩岩打来电话，给姥姥打气。

子健和弟妹走进来，对妈妈说："妈，告诉您一个好消息，您儿媳妇怀孕了，您要有孙子啦！您一定会好起来！"

妈妈一下子眼睛亮了，病了之后第一次笑起来。她慢慢地说："孙子孙女都好！我一定要好起来，还要给你们带孩子呢。"

手术顺利。

随后的全身 PET 扫描，查到了原发病灶在肺部。活检结果出来后，子健和子亦查了资料，咨询了专家，他们俩都觉得不要做化疗，而是吃靶向药，对身体伤害小。

子亦建议向妈妈说明病情，让妈妈自己做出选择。子健和老信开始不同意。老信说："你妈脆弱，肯定接受不了，情绪该崩溃了。"子健说："妈妈肯定不会选靶向药的，又需要自费又贵。"子亦问："如果换成是我们自己，我们希望被蒙在鼓里吗？再说，接下来再去医院、吃药，怎么解释呢？不能一直骗下去吧。"

最后，子亦说服了他们。

子亦先做了铺垫。

她给妈妈放着她喜欢的歌曲，一边削着苹果一边问："妈，等您能活动了，有什么想做的事吗？"

"给子健带孩子呀。"

"想想您自己，有没有特别想做的？"

"我自己？我自己没什么。"

"好好想一想，有没有什么一直想去的地方，或者一直想做但没有做的事儿？"

"嗯……我一直想去台湾，看看日月潭、阿里山……"

"好呀！我们一起去台湾。"子亦高兴地说，"还有吗？"

"嗯……年轻时喜欢唱歌，但也没怎么正经唱过，做家务时瞎哼哼。

看你朱阿姨在老年合唱团唱得挺好的。"

"报名报名！妈妈唱歌好听！你想象一下，穿着演出服，站在舞台上唱歌的样子。"

妈妈好像看到了那个画面，脸上浮现出兴奋的光彩。

"我们长大了，您该为自己活了。"子亦握着妈妈的手，郑重地说。

几天后，在妈妈基本恢复活动能力后，他们向妈妈公开了秘密。妈妈并没有像他们想象的那样崩溃。她说她有感觉，只不过不想捅破。她说她不懂怎么治疗更好，她相信他们的选择，她会好好配合治疗，一定要活下去，看着孙辈们长大，去想去的地方，做想做的事儿。

子亦回京前，妈妈叮嘱子亦："不要太拼命了。生病后才知道，健康最重要。"

子亦重重地点点头。

"爸爸给您报合唱团了，下次回来看您演出哦。还有，记得我们一起去台湾的约定！"

练习

1. 尝试通过以下方式与父母和解。

（1）还原理解，站在父母角度，客观了解父母的原生家庭、成长环境，了解父母的需求、付出。换位思考如果是自己经历了同样的境遇会怎样做。

（2）真实表达，勇于说出自己的感受。即使是不好的感受，也不要害怕伤害到对方和自己，默默忍受是更大的伤害，很容易引爆。但是，要控制住自己的情绪去表达，也要接受结果，放下改变父母的执念。

（3）接受父母的不完美，甚至接受父母可能没有那么爱自己。

（4）接受事实后，将注意力放在自己身上，改变自己，好好爱自己。改变与父母的相处模式，与父母更加亲近，或与父母保持距离。没有了强迫、期待、要求，才是无条件的爱。

2. 尝试经常用下面的夏威夷疗法的四句话与自己和他人进行对话。

（1）"对不起"；

（2）"请原谅"；

（3）"谢谢你"；

（4）"我爱你"。

第十五章

下半生我想这么过
——什么是我的人生使命

教练,开启一扇窗

子亦回京后不久,教练培训开课了。

ICF 教练的培训方式让子亦感到很新奇。她从来没有参与过这种类型的培训。老师讲述知识所占用的时间较少,而是用大量的时间以体验的方式让大家自我感受和觉察。老师会做示范,学员进行多轮练习,还有老师现场进行督导与反馈。

每次练习之后,学员或分享感受,或提出疑惑,或交流经验。这样的学习方式本身就让子亦受益很多。老师在讲解教练核心能力时,完全应用教练技术,就每个知识点、能力点,通过教练式提问、聆听等方式与学员互动。老师提出的问题常常会引发学员的深度思考,触动学员的内心。对学员更具感染力的，是这些大师级教练的老师的状态，以及他们所营造的现场氛围——包容、开放、信任、联结。

子亦在 15 天的学习中多次被老师和同学所感动。子亦觉得这个教练培训是自己的人生礼物，它来得那么及时又合时宜。教练学习又加深了子亦对于自我的觉察和反思。子亦之前做过很多相关的功课，比如零散地接触过心理学的知识，了解人生脚本，尝试过 OH 卡和沙盘，等等。这些内容通过教练学习好像一下子被串了起来，子亦能够敏锐地觉察到自己和他人深层次的情绪和需求，所以对教练的核心能力的理解与掌握速度很快。

教练技术中的对人的关注，在她过往的咨询中是很少用到的。在咨询中，通常是对管理体系做理性、逻辑性的解构和设计，虽然也会关注人，会做变革管理，但角度和目的还是达成业绩结果，而较少关注事情背后人的情绪和需要。商业企业要求"职业化"，很多人对职业化的理解是戴一个面具，所有个人的、情绪的等与工作无关的东西都不能表露出来。甚至有的管理者把自己当成演员，在不同的场合进行不同的演出。

子亦做了很多管理咨询项目，总结下来发现：成功的企业转型，不完全在于方案设计得好，更在于"人"（即管理者、团队成员）能不能充分达成共识、理解和承接方案，是否具备推动落地实施的动力与能力。这个问题，子亦思考了多年，终于，在学习教练的过程中找到了答案和方法。她的思维也被改变了——人都是全面的人，不能严格区分开工作与非工作。事实上，人在工作中的行为和能力的展现，与其性格、所处的环境、生活状态乃至身体状态密不可分。企业想要真正激发人的动能，使人对工作充满激情，接受改变，发挥创造力，首先就要全面了解核心人才，再有针对性地进行管理，才能从根本上见效。

子亦不仅有敏锐的洞察力和共情力，更重要的是她的"核心稳定性"

很好。教练老师反复提到，如果说教练能力属于"术"的层面，教练个人的核心稳定性就属于"道"的层面。子亦经过之前不断地探索自我、接纳自我和爱自我，她内心的平和、包容、自在、力量，足以让她应对来自同学的关于教练话题的挑战。

所以在与同学练习教练技术时，她常常能问出高质量的问题，触动对方打开另一个视角，或者引发对方进行深度的自我思考，让同学看到自己的盲区或者一些限制性信念。其他同学也常常主动找她进行教练式对话。

子亦发现正如艾伊所说，女性同学探讨的常常是自我突破受限、情绪力量不足、工作和生活难平衡等话题。当代女性在自我觉醒，女性在社会中的力量在加强，她们的影响力在加速提升，同时固有的女性社会角色标签会给她们带来很多的困扰、无奈和彷徨。

子亦不由得想到了自己，自己也曾是这样的状态，一路走来跌跌撞撞，经历了几年向内的不断探索、学习突破和成长，才终于找回内在的那份力量，真正的独立、平和、温暖、自在的力量，让她能破茧而出的力量，但过往所经受的痛苦差一点击垮她。虽然这些没有压倒她的痛苦都已成为她人生下半场的宝贵礼物，但是这个过程太痛苦了。每当子亦看到同班女生和她过往一样处于充满焦虑、伤感、低落的状态时，她的内心便不由得生出一种悲悯的情绪。

当提到"潜能"时，老师说："每个孩子出生时都具有不同的潜能，当我们与潜能联结时，便会与来此世上要实现的使命联结上。如果没有发现自己的潜能，不能完成使命，人们就会感到迷茫、遗憾。当发现了自己的潜能，知道了自己的人生使命时，就会释然，就会充满激情并且享受生命的过程，不再焦虑。所以一旦你发现潜能是什么，就千万不要放弃它。"

子亦感慨万千，很多人的痛苦和困扰大多源于此吧。自己这一辈中年人、父母一辈乃至向上若干辈，往往活在社会、家庭搭起的框框里，内在潜能未被发现，不知道自己要什么。如果问身边人："你知道自己擅长什么吗？你热爱的是什么？你最想从事的职业是什么？"可以想象到对方的反应是什么。有多少人知道自己的潜能呢？有多少人已完全忘记自己小时候曾经爱好过什么呢？有多少人在从事着自己喜欢并擅长的职业？有多少人曾经坚持但被迫放弃呢？当人长年累月地做着自己不喜欢、不擅长的事情时，怎么会轻松、快乐？

子亦与两个同学一组，共同探讨彼此的潜能以及更大的潜能。她们探讨得很投入也很深刻。在这个过程中子亦心中有一个声音越来越强烈。她的个人潜能在于她对人的直觉、对美的感知、对节奏的敏锐，而她更大的潜能是去实现帮助他人的使命——帮助更多人，特别是女性，让其不要经历那么多苦楚，可以从沼泽中站起来。她真心希望能让那些像花一样美好的女性活出更绽放的样子，享受更精彩的生活，幸福地迎接更美好的明天。

子亦的念头让她激动而兴奋：也许这就是自己人生下半场最想追求的，我所经历的种种正是为我的人生使命所准备的。人生的下半场到底要如何经营，才能让自己和周围的女性绽放得更精彩？

可冷静下来后，现实的问题让她又有些犹豫：要放弃现在的工作吗？创业将面临什么？孩子将中考，妈妈还要继续治疗，自己做好准备了吗？

一沙一世界

子亦参加培训时见到了在人生脚本工作坊中认识的原青，她作为老学员来复训。她邀请子亦体验一下沙盘游戏，子亦充满好奇地前往。

在沙盘室里，中间摆了一个长方形的木盘，里面铺着细沙。房间靠墙的几层柜架摆满了各式各样的沙具，有不同性别、年龄、姿态的人物雕像，也有卡通人物和宗教神话故事中的人物，还有建筑物、交通工具、武器、生活用品、植物、动物、宝石，等等。子亦仿佛进入了儿童的世界，兴高采烈地看来看去。

原青介绍了规则。子亦按照原青说的放空大脑，浏览沙具，跟随自己的感受，选择了最吸引自己的一道彩虹，放在沙盘的一角，接下来陆续摆了地球仪、莲花、佛祖等沙具。然后她又在一角放上一组桌椅，桌子上摆了一套茶具，桌边放了一个秋千，一对老人微笑着坐在上面。她觉得差不多了，但一双红色的小绣花鞋吸引了她，这双鞋古香古色，可又透露着一丝神秘，让她有些纠结。但她意识到，自己的纠结源于认为它与沙盘整体不搭，是脑思考出来的不搭，而感受则强烈地被它吸引着。于是，她将绣花鞋摆在了沙盘中。

原青问她："好了吗？"

她点点头。

原青请她从四个方向分别看看自己摆好的沙盘，子亦发现转到每个方向都会有新的视角，很有意思。

"有什么感受？"原青问。

子亦说："很轻松，有意思，现在很好奇，想听你分析分析。"

原青并没有直接分析，而是请子亦把为什么选择了这些沙具，它们吸引子亦的是什么，它们代表着什么一一道来。然后原青问："你的亲密关系是不是在发生变化？"

"嗯。"子亦承认，她和韩岩的关系是在发生着变化。"和老公的关系在向好的方向发展。"

"你有在担忧的事吗？或放不下的事？"

"很担忧妈妈的病，好在她度过了最危险的一个阶段。很幸运，靶向药有效,希望在靶向药的抗药性产生之前能研究出新的治疗手段……"说到这里,她又有些惆怅。

原青轻声地说:"看到你的担忧,也看到你的祈祷,还看到你内心的生命力量有些脆弱。当你的生命力足够强大时,它可以影响身边的人。"

子亦思考着这段话。

原青静静地等了她一会儿,然后才继续说:"还有一个问题,你的工作或事业方向是要调整吗?"

子亦很惊讶地看着原青说:"这怎么看出来的?"

原青笑了:"从沙盘中看出你有志向,也想去行动,但能量还不够,是这样吗?"

是呀,子亦不禁点头。她的愿景越来越清晰了,但还在犹豫何时开始,还没有做好准备。但什么状态可以算作已做好准备呢?她不得不承认还没有思考好。

"那是有什么在限制着你吗?"

"现实吧……"子亦突然想到"不得不"这个词,当人们"不得不"把现实当作理由或者说借口沉重地摆在前面时,便妥协了,永远冲不过去了。

"在你的潜意识里,你向往走向未来的美好,它已经在那里了。同时,可能有一些传统的、社会无意识的因素在影响着你的行动,所以你呈现出来的能量不够。"

"原青,你说得太对了!我要打破限制性的观念,其实有些现实因素并非与我想去做的事情是矛盾、冲突的,不是只能选择或放弃,也许还可以更好地融合。比如我现在如果不变,就不能很好地陪伴妈妈和女儿,只不过有一份稳定的收入。我现在想去做的事情却可以同时滋养我和我的家人。"子亦豁然开朗，一下子兴奋起来。

原青微笑地看着她，感受到她的力量变强大了。

子亦也感受到了这一点。只有内心力量强大了，才能够行动。

她很感谢原青，这一场沙盘游戏让自己看到内心的渴望和纠结，也意识到了该如何去改变。原青让她用手机拍照留念，并跟她说可以定期来做沙盘游戏，会看到新的变化和成长。

结束后，好学的子亦问原青沙盘游戏是什么原理，怎么会这么神奇，可以看到人的内心世界。

原青说："沙盘是人内心无意识或潜意识的再现。人通过利用沙子、沙具创造沙盘世界的过程，将无意识的内容呈现到作品中，再转化到意识层面，从而感受自我、整合自我，可以激发个人发展的动力。当然，也可以通过团队沙盘游戏促进团队融合，激发令团队共同成长的动力。"

"我之前做过的解梦和绘画分析，也是了解潜意识的方法，但对潜意识还是感觉了解不多。你怎么理解潜意识？沙盘游戏对人的发展有什么作用？"子亦问道。

原青很认真地解释：

"随着脑神经科学的发展，大脑工作的奥秘进一步被人们所认识，我们越来越清晰地了解到人类是如何处理信息的。我们常常认为我们所做的一切，都是基于一个好的理由。但是，我们不知道的是，其实在每一个选择、每一个行为的背后，实际上都有一股未知的力量在控制着我们，这股力量就是潜意识。

"确实，按冰山模型来讲，显露于水面之上的一角像是我们的意识，但它仅仅是整个冰山的一小部分。我们的潜意识在水面以下，它对我们经历的每一种情况做出反应。大多数人都认为我们的意识是最重要的，因为它是我们清醒的时候所知道的部分，然而潜意识才是真正的发电站。当我们激活潜意识时，我们的潜能才会被释放出来，才会真正发挥出自己的最大的能力，走上成为最好的自己的道路。

"按比例来说，我们只能觉察到大约5%的认知，其余95%都游离于我们的觉察力之外。意识是我们在当时能觉察到的所有想法，而潜意识是存储在记忆中的信息，是以往我们曾经经历的种种事情，以及各种思维、做事习惯和态度，很难觉察。

"潜意识通常是以非语言的方式呈现给我们，如梦、画面，可以借助沙盘、绘画等能帮助我们产生觉察的工具把它表达出来。当一部分潜意识通过觉察被我们意识到后，我们就更多地认识、了解了自己，就拥有了更多的理性基础。"

原青给子亦讲了一个故事。

她儿子三岁时奶奶去世，考虑到他太小就没有带他去参加葬礼，也没有特意跟他讲这件事。她儿子并没有表现出什么，只是越来越内向。几年后，她接触到沙盘游戏这个工具时，尝试着让儿子去玩，沙盘师事后告诉她，孩子在沙盘中放了骷髅，并很有仪式地把骷髅用沙子埋上。她这才发觉自己犯了一个错误，本以为孩子小什么也不懂，但事实是奶奶去世在儿子幼小的心灵里留下了一个情结，一直没有解开。这是她开始学习沙盘游戏的动力。

沙盘游戏最早是儿童的地板游戏，所以首先应用于儿童心理治疗，因为对儿童来说，游戏是一种自然的表达形式。一方面，儿童的语言和抽象思维能力有限，因而他们很少把内心外在地表现出来，通常不愿意谈论他们的经历，更倾向于通过比较具体的形式来表达自己。另一方面，儿童的自我力量可能还很弱，并且他们的心理防卫通常也不适当，所以，可以用沙盘游戏的方式，让儿童在游戏当中象征性地去表达他们在潜意识中的一些冲突、他们内心深处的创伤，还有他们的故事。

现在很多幼儿园、中小学都有沙盘室，有专业的沙盘师、心理咨询师。

与此同时，沙盘游戏也应用于成人的心理治疗和商业企业环境中。

"在企业里怎么用？"子亦很感兴趣地问。

"有几个应用场景。一是用于团队，包括团队融合、团队动能提升，特别是团队问题聚焦在氛围、沟通、信任方面时，可以用沙盘游戏发现团队成员的互动模式与人际关系，促进人际关系改善、情感联系，发现阻碍团队成长和目标实现的障碍，提高团队的凝聚力、效率及幸福感。二是可以用于人才发展，能够在提升能力的同时帮助人才看到和有意识地改变心智模式。在这方面，沙盘游戏是一种快速、有效又好玩的方式。此外，还有用沙盘游戏加上 MBTI 等测评方法做人才测评，可以提供是否适合职位要求的建议报告。"

"太棒了！"子亦不禁赞叹。

"过两天会组织一次团队沙盘游戏，你感兴趣的话就来参加吧，感受一下团队在几小时内如何深度融合、凝聚。"

"好啊！我参加！"

与志同道合之人，做有意义之事

经过一年多的学习，子亦通过了国际认证，获取了专业教练资格。在此期间，子亦还收获了新的友谊，这份友谊纯粹得像高中时代闺蜜之间的那种情感，但又有所区别，好像是在精神层面志同道合的战友情。子亦与四位教练好友组成了创业团队，她们都希望为女性做些什么，帮助女性提升内在力量，接纳自我，增强自我价值感，从而活得更自在、幸福和多彩。

创业团队的五位女性教练年龄相仿，经历也很相似。她们过往在事业上一路打拼过来，有令人羡慕的职场地位，拥有很强的职业能力。在外人看来，似乎她们也是人生的赢家。虽然她们拥有光鲜亮丽的生活、自信自强的状态，但实际上她们曾背负着种种心酸，内心也曾是千疮百孔。她们都曾低迷过，在夜深人静独处时，常常深感孤独、自卑、痛苦，甚至有些抑郁，然而她们同时又是那么真诚、温暖，有社会责任感，不断追求美好，不断提升自我，且勇于担当。人可能就是这么一个复杂体，既有阳光灿烂的一面给别人，也有忧郁无奈的一面不想为人所知。五位教练已走出人生的黑暗旅途，此时她们又见阳光，而且越走越坚定和自信。

创业团队的首次会议由子亦担当主持人。子亦以她专业的战略咨询功底引导大家进行讨论、形成共识。

子亦开场："如果我们要创业，需要先想清楚以下9个问题。第1个问题是，我们的目标客户画像是什么样的？具体来说，我们希望赋予女性以力量，让我们先在各自心中想想这些女性的画像是什么样的呢？如果我们是她们，会说些什么？做些什么？在想些什么？感受到什么？她们可能的痛点会是什么？她们渴求的又会是什么呢？"

伙伴们开始兴奋地讨论，并写在白板上。

1. 目标群体
- 高薪、高知、高品质的"三高人士"，对生活有一定追求的白领，30～50岁；
- 人生转场，面临家庭负担与职场竞争，遇到突破自己与平衡角色的挑战；
- 外在是精英，内在却在个人、关系与组织方面存在焦虑与迷茫；

- 对于子女教育或下属培养深感无力。

2. 她们的感受

- 莫名伤感、愤怒、焦虑、沮丧、烦躁、无兴趣、压力大、自我否定、身心疲惫、无价值感，却不知道为什么；
- 渴望被理解、被允许，渴望温暖、关爱，渴望被支持、有力量，渴望释放、喜悦，渴望爱和被爱；
- 希望工作和生活更轻松，在疲惫的时候有一个像家的地方，能被接纳，能感受到安全和温暖，能被包容和被支持。

3. 她们的需求

- 有较高的自我认知需求，渴望在更高的层面活出自己，却不知道该怎么做；
- 希望能够有一个地方或空间，与高品质的伙伴共同成长，却不知道在哪里可以安心托付；
- 关注内在，个人有持续成长的意愿，却不知道如何开始；
- 需要长期陪伴、支持，想寻找心灵之"家"。

4. 她们的痛点

- 自身渴望学习、成长，可市场上的课程与老师良莠不齐，不知该如何选择；
- 希望通过各种学习获得竞争优势，但持续学习的成本过高，且无法在工作、家庭、学习之间找到平衡；
- 单次培训后状态被激发，回到现有环境后又陷入情绪低谷，难以继续保持好的状态；
- 加入了一些自发性组织，却苦于组织的自发性及业余性问题，难以长期凝聚，最终不了了之；

- 内心迷茫、困惑，希望寻找专业人员（教练或心灵疗愈师）获得支持，却缺少公信平台或渠道。

子亦提出的第 2 个问题是，我们的价值主张是什么？

看到大家有些疑惑的表情，子亦解释道："就是我们可以为她们提供些什么？"

伙伴们抢着说——

我们可以为她们提供身心放松的空间，可以帮她们提升自我的力量，可以让她们在心灵上得到滋养。

我们可以帮助她们，提供教练技术、人生脚本、梦的解析、沙盘游戏，让她们看到自己的心智模式，关注自己的潜意识，教会她们与自己的内在对话，赋予她们知识与爱的力量，让她们真正成为自己，有勇气活出自己。

我们可以陪伴她们成长。改变和成长不是一次心花怒放，而是一个长期的历程，需要陪伴与支持……

五位教练你一言我一语越说越激动。想到可以做很多事情帮助到女性，她们觉得此事有意义且有价值。子亦被大家的情绪所带动。她很庆幸找到了志同道合的合作伙伴，而且能够愉快且有意义地开启人生的下半场。

子亦总结了伙伴们说的价值主张：

- 打破思维局限
- 坚定意识信念
- 情绪情感体验
- 专业陪伴成长

子亦按顺序提出了其他 7 个问题。

第 3 个问题是，我们通过什么样的渠道和方式将我们的产品或服务给到我们的目标人群？

第 4 个问题是，如何成功吸引我们的客户群体，以及如何提升客户的黏性？

需要强调一下，我们不是在做公益。要能够长期地支持女性成长，我们是需要盈利的，所以第 5 个问题是，我们的收入来源是什么？

第 6 个问题是，我们的核心竞争力是什么？也就是说，为什么我们能够做成这项事业；我们与同类竞争者相比，优势在什么地方；我们的产品或服务可以提供哪些独特的价值。

第 7 个问题是，如果我们能做成这项事业，我们要完成的关键任务有哪些？

第 8 个问题是，我们的重要资源或者合作伙伴有哪些，我们将以什么样的模式与他们进行长期的战略性合作？

第 9 个问题是，第一个里程碑是什么？也就是说，我们将要确定什么样的目标；要实现第一个里程碑，我们具体要完成什么样的工作；如何分工合作地进行。

五位教练极其投入地对剩下的这 7 个问题进行了深入的讨论，连续 5 个小时高效且愉快的讨论让这个团队初步达成了共识。

子亦接着说："这 9 个问题还需要细化，我们还需要再找专门的时间进行深度的讨论。今天的上半场，先对这 9 个问题达成初步的共识。接下来的下半场，我们不再聚焦在事情的层面上，下半场我们需要聚焦在人的层面上，讨论以下问题：我们团队的愿景、使命、价值观会是什么样子的？大家希望组建成一个什么样的团队？我们的团队氛围是什么样子的？

我们希望彼此之间用什么样的方式来沟通，从而提高协同合作能力？当我们出现矛盾、分歧的时候，我们将用什么样的方式进行充分的交流，彼此坦诚面对，在解决好冲突的同时又加深我们的信任和凝聚力？这一系列问题的答案将是我们能够长远地走下去的基石。"

五位教练对于这一系列问题又进行了热烈的讨论，氛围轻松，效率很高，输出的内容有深刻的价值且富有创意。她们都希望把团队打造成一个进化型组织，一个幸福工作的平台。子亦很欣赏这几位睿智的女性，她们神采奕奕，每个人都绽放出了别样且充满魅力的光彩。子亦欣喜于有她们同行，欣喜于在人生下半场可以找到创业的方向，欣喜于所做的事业为她的生命增添了意义与色彩。

亲爱的，我一直在

"艾伊，我现在果然沿着你的道路在走，也致力于成为一名教练，关注女性成长的教练。你说，我们的创业会成功吗？"

子亦又和艾伊见面了。在学教练的一年多时间里，子亦经常和艾伊分享她的新收获和感悟，今天她想听听艾伊对创业的看法。

她们一起坐在草地上，晒着太阳，闻着青草的香气。不远处，韩岩、子健和子亦的爸爸、妈妈在研究下星期一起去台湾的行程。妈妈开心地笑着，脸上充满期待。悠悠和他们家新的成员——Smile，一只白色的萨摩耶狗狗玩追球的游戏。旁边弟妹抱着的那个粉团团的女宝宝在拍着手笑。

"对你来说，什么是成功呢？"

"如果指生活，我已经很满足了。"她看着阳光下的家人，无疑，这便是她理想中的美好画面了，"事业上成功的定义，对我来说是可以帮助到更多人，因价值得到体现而获得应有的回报。"

"你们要做的事情可以实现你说的成功吗?"

"我相信一定可以帮助到别人的。"子亦停顿了一下,"虽然人性化是社会趋向,但大众短期内认知还不够。要想达到欧美国家企业教练和生活教练比较普及的程度,还需要一个培育阶段,所以需要传播、引导、等待。"

"你在担心?"

"不,我只是觉得有很多事要做。"

"创业是很辛苦的,你做好准备了吗?"

"嗯,你知道的,我闲不住。"她们一起笑了,然后异口同声地说:"但是会很快乐!"

她们头挨头一起躺下,看着蔚蓝天空中飘着的云朵。

"还记得我们第一次相遇吗?"艾伊问。

"当然,那是我最迷茫无助的时候,你出现了,像一个救赎者。"

"因为我听到了一个呐喊求救的声音在呼唤我。"

子亦拉住艾伊的手说:"谢谢你,艾伊!"

"不用谢,救赎你也是救赎我自己……你知道艾伊这个名字是什么意思吗?"

"它在英文中是指一个女神吧。"

"对,中文呢?"

"艾——伊——,爱一?唯一的爱?"

"是——爱你。"

"爱谁?"

"爱——你!"

"爱——我?"

"对,爱——你!"

艾伊柔声地说:"看到你越来越好,我可以放心地离开了,在未来等着你。"

子亦瞬间语塞,过了好一会儿,她喃喃地问道:"认识这么长时间,一直说我,竟然很少聊你。还有时间吗?能跟我说说你吗?你已成为大师级教练了吧?事业已经开拓局面了吧?另外,妈妈会战胜肿瘤君吗?悠宝长大后做什么去了?还有爸爸、韩岩、子健……"

艾伊的声音听上去有些缥缈,如随风飘至:"你都会知道的,一切都等待着你去经历。"

子亦热泪盈眶,她感觉到身边空了,也许,一直是空的。她把手放在胸口,对着天空说:"我也爱你!谢谢你!未来见!"

子亦向公司提交了辞职申请。

当然,她取得了韩岩的支持。韩岩在子亦学教练后在她身上看到了她新的变化,她在家里不再那么容易焦虑、急躁,她变得柔软了。每次韩岩和悠悠说话时,子亦都会专注地倾听。她看着他们时,她的眼睛清澈得似湛蓝的湖水,格外迷人。她比以前更懂得欣赏和赞扬,这让韩岩也自信了很多。刚开始听子亦回来后兴奋地分享课堂上的神奇之处时,韩岩以为她学的是心灵鸡汤甚至邪教之类的,子亦想拿他练手,他很抗拒。后来他也渐渐对教练有了兴趣,遇到困惑或思考问题时,会主动要求子亦"教练教练"他。

所以,当子亦和他商量想辞职时,他除了表示理解和支持外,还说了一句让子亦格外感动的话:"去做你想做的事吧,家里还有我。"

Charlie张罗了欢送Party,与子亦合作过的关系好的同事来了十几位,包括前老板Jerry。他一见到子亦,就露出不可思议的表情,感慨地问:"怎么跟变了个人似的,越长越年轻。"子亦明媚地笑了:"谢谢!"

Charlie 在一旁说:"这人不戴眼镜,再留了长发,有整容效果。哈哈!"

May 不同意,更正道:"子亦姐最大的变化不是外在的,是内在的。她是我的偶像,也是我现在的教练。我也准备去学当教练了,可以帮助更多轻度抑郁症患者。"

…………

Party 的高潮是大家关上灯,用投影仪将合力制作的短片投放在墙上。子亦看着一张张满是回忆的照片,听着一段段祝福的话语,不停地擦拭眼角,微笑着。

虽然子亦知道她要从事的事业还有很多要做的工作,也会面临很多意想不到的状况,但她坚定地相信自己的选择,相信自己可以做到。内心的力量已经准备好了,即使前方一路荆棘,子亦依旧选择穿越过去,她坚信不远之处就是自己心心念念的星辰大海。

因为她知道,爱自己的人,将一直在。

练 习

尝试回答以下问题,探索自己的潜能区。

1. 个人潜能

- 你天生的才能是什么?
- 别人认为你擅长的是什么?
- 你梦寐以求想实现的是什么?

2. 更大潜能

- 人们是如何被你鼓舞的?
- 你是如何影响周围的人的?
- 你想为自己的组织/企业/国家做什么?
- 你会给这个世界带来什么?